春夏秋冬 料理王国

北大路魯山人

筑摩書房

目次

味ところどころ

料理メモ

中扉画・北大路魯山人

春夏秋冬　料理王国

序にかえて

簡単に言って、料理とは単に舌先だけで味わうものではなく、また弄《もてあそ》ぶものでもない。耳から、目から、鼻からと、様々な感覚を動員して、「美」と「味」の調和を楽しむものだと思う。

色どり、盛り方、取り合せ、材料の良否と、みな「美」と深い関連性をもって考慮されています。

栄養の効果という点からも「美」は見逃がせない役割を担っています。

「味」のことばかりを言って、その背後にある「美」の影響力に無頓着《むとんちゃく》なのが、言って悪いが当代の料理人、料理研究所あたりの大方ではないでしょうか。

また、近ごろ出版される料理書の殆んどがこの点には全く無関心、食い足りないものばかりなのは嘆かわしい次第です。

料理を心底から楽しむ人は、まず第一に、料理の風情《ふぜい》に重きを置き、環境を楽しみ、大切にいたします。食道楽の「楽」は、ここに至って始めて一人前と言えます。食通とても同じことです。

少し極端な言い方かも知れませんが、料理に「美」を求めぬ人は、当てがい扶持に満足する犬猫の類と同じだと言っても差支えないでしょう。

人々によって、もちろん楽しみの高さ低さは異なりましょう。従って、見解の相違もおのずから生じもしましょうが、なろうことなら、志を高くもって、料理を味わい、人間を高くしたいものです。


淡交新社から「料理生活七十年の体験を通して、あなたの料理哲学、料理を通じての人生観といったようなものを書いて欲しい」とおすすめがあったのを潮時に、常日ごろ、話したり、書いたりしたもののうちから、この趣旨に添うようなものばかりを拾い集め、読み返し、最近の感想やら、二三の具体例などを補足してまとめたのが本書です。

文字通りあちこちに散らばっていた藻塩草《もしおぐさ》を掻《か》き集め、焼直し、蒸返したものなので、前後の脈絡を欠き、重複も一再ならずあって、必ずしも統一あるものと言えません。

読者のみなさんには、甚だ読みづらいかも知れませんが、一章一章独立したものとして読んでいただけますなら、料理とは何であるか、御賢察いただけるものと思っております。

昭和三十五年　陽春

北鎌倉の山荘にて

北大路魯山人

料理する心

道は次第に狭し

先日、ある雑誌記者来訪「ものをうまく食うにはどうすればいいか」とたずねた。世の中にはずいぶん無造作に愚問を発する輩《やから》があるものだ。思うにこういうふうなものの聞き方をする連中は、その実、料理など心から聞きたいわけではないにきまっている。お役目で人の話を聞こうとするが、元より真から聞きたいのではない。そこで私は言下に「空腹にするのが一番だ」と答えてみた。その男はしばし二の句が継げずにいた。

また、これも似たような話であるが、ある時一流料理人を求めた際メンタルテストをして、君の好きなものは何か？　と、質問してみた。すると、ただ漠然と「魚が好きです」と答えた。

専門の一流料理職人がこういうことでは困る。得てして料理職人にはこんなのが多い。この男は上方の人間だから、魚というのは鯛《たい》を指して言ったものだろう。たしかに関西の魚はうまい。が、表現に教養がなさすぎる。子供に向って「坊やどこへ行くの」ときくと「アッチ」と答えるのと同じである。

もちろん、こんなのは落第させてしまったが、こういう男は自分が何が好きであるかさえ正直に言えないのみならず、実のところ、美食にまるっきり精通していないのである。好きなものがはっきり言えないのは嘆かわしい。つまり、味覚に対して無神経であるか、もしくは初めから味覚に対して鈍感なのだ。味のわからないものが、味に興味を持っていないのは当然であって、いくら山海の美味を与えてみたところで、仔細にはうまいともまずいとも感じないのだろう。こういう輩には腹を空《す》かせばうまいよ、と答える他《ほか》はないのである。

ついでだから余計なことを言うが、味がわからないということは名誉でも不名誉でもない。生れつきであってみれば、鼻が高いとか、低いとかいうことと同じで、別に恥ずかしいことでもなんでもない。ただそういう人は、うまいものを作ろうとか、料理を覚えようとかするには不向きだ、というまでである。杖《つえ》をなくした老人に似て、人なみの楽しみを減じている気の毒な人だ。

ところが、「人、飲食せざるなし、而して味を知るもの鮮《すくな》し」などと孟子が言っている通り、人と生れて食わぬ者は一人もないが、真に味を解し、心の楽しみとする者は少ない。そこで、鈍感な者には腹を減らせばよかろうと奥の手で得心させる。これなら間違いはない。

だがそう言ってしまっては話にならぬ。また味を解する者はないといっても、まるっきり味がわからぬということは実際にはないのだから、一応は腹を減らせといってみるが、そこにはだんだんと道がある。味がわからねばわからないなりに、やはり好き嫌いがあり、嗜好《しこう》があり、まるっきり打捨てたものでもない。

先日ラジオで病人料理というものを放送していた。病人料理などというものは、いわゆる薬食いであるから、本来の意味での料理ではない。だが放送に当って、これは大変うまいものだから一般の人にも召上がれる、という自画自賛の言葉が付け加えられていた。

私には異議がある。

この時の料理は、自然薯《じねんじょ》を茹《ゆ》で、別に枝豆も茹で、これを擂《す》り潰《つぶ》してまぶし、多少の味をつけたものであった。いわば自然薯のきんとんの外皮を体裁《ていさい》よろしく枝豆で色どったものである。青味が足りなかったら、菜《な》を少し加えてもよいというような御愛嬌《あいきょう》も加わっていたが、もちろん、どう考えたところで本格的な料理にはなっていない。それを一般の人が召上ってもうまいという。

何でも某大学の医学部か何かの先生の放送だったから、うまいと言った人は、そこのお医者さんか栄養士であろう。いずれにしても低級な、若い話だ。

それを原稿にして、そのまま放送したのであろうが、かかる連中は本格的なものの味を知らないことがわかる。こんな手合いのうまいというのを、そのまま全世界に向って放送することは、僭越《せんえつ》である。

だがまあそれはともかくとして、一に病人の食事というが、病人にも嗜好がある。その要求する食事をどうしたら病人に害にならずにうまく食べさせるか、それが料理というもののねらいどころだ。ところが下手な料理人となると、それを知らずに、どんなものでも自分なりにこうと決めてかかるから病人に喜ばれぬ。この道理は、相手が病人たると健康人たるとを問わない。

凡《およ》そ誠実と親切心とがあるならば、その人その人の嗜好を考慮に入れて、これを合理的に処理するのでなければならない。喜んで食べてくれぬ食物は、いかになんでも薬や栄養になるわけがない。例えば相手が幼児か成年か老年か、富者か貧者か、先ず過去の生活を知ってかかるべきである。

さて、話を前にもどして、いかに味がわからない人といっても、まったくわからぬわけではないから、その人なりの嗜好を尊重することが、ものをうまく食わせる第一課である。

ところで、世の中には、自分は味覚の通人である、と自任しながら、その実、何もわかっていない人々がいる。こういう人々は、第一義の誠実と親切心だけでは了解できかねる、いわゆる半可通に属する連中であって、何か賢い話を付加えて押しつけなければうまいものもうまいとは言わない。

そこでこれらの手合にはトリックを用いるのが一番よい。いわばなんらかの手をもって得心させるのである。例えばここにある種の大根がある。こんな時正直に名もない大根ですと言わずに、これは尾張の大根ですと言ってすすめる。すると彼は、尾張の大根はうまい、という先入観念があるから、これはうまい、と自分だけの能書《のうがき》つきでうまく食うのである。というのは、この種の手合は概していずれもお国自慢であり、自分の知っているものだけがうまいと思っている。つまり彼らは、どこそこのてんぷらがうまいとか、いずこの鰻《うなぎ》、何々の寿司と、そういうふうにうまいものの言草を沢山持っていて、それに合うものはうまく、それに合わないものはまずいと予《あらかじ》めきめている。物知りの物知らずという連中であるが、その中には学者もいれば料理専門家もいるが、これでは正しい食評家とはいえない。そんなわけで、もともと自分の舌で正しく美味不美味《うまいまずい》を判断するのでもなく、深い経験者でもないから、人の悪い話だが、これにはどうしてもトリックを用いて食わせるより他はない。これも一つの料理法である。

料理は誠実と親切さえあれば、と、いくら真面目に行動してみても、半可通の気焔にかかってはとんと利き目がない。しかし、彼らの腹の底を見抜いてしまえば、何のことはない、いくらでも喜ばせることができる。

次は味のわかる人だ。味のわかる人に、どうしたらものをうまく食べさせることができるか。それは少なくとも自分に相手と同じだけの実力がなければ、不可能といえよう。

およそものを食べて味がわかるということも、画を鑑賞してその美を礼賛することも根本は同じことである。

相手以上に自分に味の自信がなければ、うまく食べさせられないのは事実である。絵画の場合も同じだ。すべて自分が尺度である。自分に五の力があれば、五だけの味は表現出来るものである。

自分の実力が相手より上であれば、相手の実力が手にとるようにわかって、おのずと余裕が生れてくる。画でいうなら、自分の鑑賞力が高ければ、いかなる名画といえども、自分だけの価値を見出すことができる。しかし画が自分の鑑賞力より数等上であれば、その美の全部を味わうことは出来ない。反対に自分の力がより上であれば、今度は相手の画が不足になってあらゆる欠点が発見される。

かくの如く鑑賞力なり味覚なりは、わかる者にはわかるし、わからぬ者にはどうしてもわからない。とは言うものの、先にも述べたように味の全くわからぬ者はまずなかろう。誰しもいくらかはわかるのであるが、ただ程度が違う。その人の教養によってある程度までは味覚を高めることもできるのである。

ふだん、うまいものを食っているからといって必ずしも味がわかるとは言えない。待合のお内儀《かみ》さんたち、あるいは三井、岩崎など、日常うまいものを食う機会に恵まれていても、生涯味がわかることもないのはそのよい例であろう。それは味を身につけていないからである。味を身につけるには、客からの御馳走でなく、板前からのあてがいぶちでなく、身銭を切って食ってみること。本気でそれを繰り返してこそ、初めて味が身につき、おのずとわかって、真から得心がいくのである。

味というものは変なもので、その時々の気持で、主観的に動かされ、変ってくる。味はもともとその人にとっては絶対であるべきで、事情で動かされるようでは大した食通ではない。しかし、なかなかそうはいかない。味が素直に判断できるようになるのには、まず多年の経験が必要だ。卑俗であれば、やはり経済的な観念が伴うのが普通で、価格が支配することも否《いな》めない。

結局、味を覚えることも、美術の鑑賞力を養うのと同じで、その先その先と、ものの深奥を極める努力によって向上するものらしい。

最後に、相手が美食の通であるような人に無理を言われた場合は、その人には自分で自分の料理をつくってみなさいということだ。何か悟るところがあろう。

富士山には頂上があるが、味や美の道には頂上というようなものはまずあるまい。かりにあったとしても、それを極めた通人などというものがあり得るかどうか。おそらくはないだろう。

ただ世間でいうところの通人にとっては、その道が広い原を通り抜けて、非常に狭くなっている。それだけに、ある意味では不自由であると言えるが、また微妙なものがわかって来て、通人でなければ味わえぬ新発見の味感がある。

しかし世間には語るに足る相手が稀《まれ》なために、結局は当人と材料と二者だけの世界にはいってしまう。これを三昧の境地とでも言うのだろう。

ともかく、そこまで行かぬと、人を指導することはできない。いつもいうことであるが、相手をこなすというのは、こっちが上にいるからであって、同等なところにいては、相手をこなすことはできない。味の世界でどんな人にも満足を与えようとすれば、どんな人の境地をもわかっていなければならないからである。道は果てしない。ただただ前進あるのみである。それには不断の努力と精力が要《い》る。あえて努力と言わぬまでも、不断の精力的注意があってこそ、道は進むのである。

私にはこんな経験がある。

夏場の刺身として、例えばすずきやかれいの洗いがある。私は長いことああいうものについて考えていた。普通の料理屋のものは、肉が紙のように薄い。ああ薄く切ってこともなげに洗うから、まるで刺身の命抜きになって、食っても一向うまくない。これは薄くないと、涼し気にちりちりとゆかぬからであるが、あれではエキス抜きでうまくない。そこで私は普通の刺身ほど厚くは切らぬが、極端に薄くしないで、よく洗うと、なるほど晒《さら》しくじらのようにちりちりとはならないが、体《てい》よくちりちりとなる。こうすることによって、中身はエキス抜きにならないから、噛《か》むと魚の好味が出て歯ごたえもあり至極うまい。それに、どうもああ薄いのは、ケチクサイというようなヒガミも手伝っていることに気がつく。世間なみにとらわれて長い間、私はこの料理法をやって来た。しかしこのごろ、別の考えが起って来ている。

それはどういうことかというと、近ごろ薄い作りでやってみると、必ずしも悪くない。なるほど薄いのは中身が足らず物足りない。味がないといえば味がない。けれども酷暑の刺身として、チビリチビリ酒でも飲む者には、ちょっと摘《つま》むにはいかにもさらっとして涼味がある。極薄な味のないところがかえってよいのではないか。中から味が出るとか出ないとかいうには及ばない。ただ、さらっとした涼味だけでよいのではないか。そういう考えが起こって来ている。

長年やってみての上でようやくそんな気もしてきたというわけだ。こんなことが体験数十年もたった今ようやくわかってきた。難しいものである。ちょっとやそっと料理屋のものなど食ったからといって、軽々しく断定できないものだと気がつく。

この場合にしても考えようによっては、一種のケチなひがみがあったらしい。薄くては味がなくていかんとか、いかにもケチだとか感じることがそれだ。それが完全に離脱できないと味の妙はわからないようだ。また、そういうことも、味の上に作用することを知っていなければ、すべての人をけなすわけにはいかぬ。味の世界も年齢の差異と共に一様にはいかぬのである。

料理の第一歩

一人の男がいた。女房が去った後は独りで暮していた。その男はこんなことを考えた。「まず土地をみつけることだ。よく肥えた土地を。そしてそこへ野菜を植えるのだ。毎日新しい野菜が食べられるぞ」

けれど、男は土地を探すことをしなかった。家の中でごろごろしていた。それでも、おなかがすいてくるので、パンをかじった。男はあくる日、こんなことを考えた。

「野菜もいいが、牛を飼うのだな。そして、豚も飼うのだな。おいしい肉がたべられるぞ」

でも、男はなにもせずにごろごろしていた。おなかがすいたので残りのパンをかじった。その男の頭が、なんだか少しふくれているようだ。

あくる日、男は考えた。

「女房がいなくとも、ちゃんとこうして食べていける。待て待て、自分で料理だってできるぞ。そう動きまわらなくとも、手をのばせば用事ができるような便利な台所をつくることだ。清潔な明るい台所を」

だが、男は実際は何もしなかった。おなかがへってきたので、パンをたべようと思ったが、もうパンがなくなったので、米びつの米を生のままかじって考えた。

「待て待て、台所もいいが、それよりも先に、働きやすいような、身軽な服装をこしらえることが第一だな」

それでも、なにもしないで、女房が部屋のすみの棚においていったリンゴをかじった。

その男の頭が、少しふくれたようだ。

「そうだそうだ、果樹園を作ろう。新鮮な果物を木からとってすぐ食べることはすばらしいぞ」

でも、男はなにもしなかった。そして米びつの米をかじった。

こうしてこの男は、考えてばかりいるうちに、だんだん頭が大きくなっていった。少しも働かぬので、手や足はだんだん小さくなっていった。家の中には、もう米も果物もなんにも食べるものがなくなった。それでも男は考えることをやめずに、考え続けた。だんだん男の頭は大きくなって、手足や胴は小さくなっていった。

とうとう食べるものがなくなると、男は小さくなった自分の足を食べてしまった。でも、男は考えをやめなかったので、いよいよ頭が大きくなっていった。食べるものがないので、自分の胴を食べ、手を食べてしまった。

おしまいに、この男はもう食べるものがなくなって、考える頭と食べる口だけになってしまった。この男の考えることは、一つも間違ったことはなかった。ただ一つも行なわなかっただけであった。世の中には、こんな頭の大きい男がたくさんいる。私はこの気味の悪い男の話を時々思う。

正しいこと、いいことを考え、間違ったことを少しも言わない人々がいる。そして一つも実行しない人間もいる。

料理をおいしくこしらえるこつは、実行だと思う。この本に私が書くことを読んで、なるほどと諸氏は思ってくれるだろうか。まず私の言うことが、正しいか正しくないかを批判していただきたい。そしてああそのとおりだと思ったら、必ず実行していただきたい。

考えることも大切だ。聞くことも大切だ。それと同じように、実行することは、もっと大切なことだと私は思う。

おいしく料理をつくりたいと思う心と、おいしい料理を作るということは似ているが、同じではない。私たちは、したいと思っても、しようと思うのはなかなかだ。しようと思っても仕上げるまでには、時を必要とする。だが、したいと思っている心を、しようと決心するには一秒とかからない。まず希望を持っていただきたい。やってみたいという希望を持ったら、やりとげようと決心していただきたい。決心したならば、すみやかに始めていただきたい。むつかしいことは何もない。やってみない先から、とてもできないと思いあきらめている人が余りにも多すぎはしないだろうか。料理は、いつも我々日常生活と共にある。そしてそのこつも、いつも我々の一番手近かにある。だが、道は遠いかも知れない。しかし、その遠い道は、いつも一番手近かの第一歩から始まっているのだ。

個性

ある晴れた日の午後であった。と、こう書き出しても、芥川賞をもらうつもりで、文学的に書き出したのではないから心配しないでくれ給え。一体このごろは、何賞何々賞というものが多過ぎるようだ。常務取締役に社長が多すぎるのも気にかかる。知人に道ででも会って、久しぶりに会ったなつかしさかなんだか知らんが、きまって名刺を出される。例えばどんな若僧にもらっても、見給え、大抵は社長か常務取締役である。社長だからと思ってあわててはいけない。電話が一本に机一つイス一つ、社長一人の社長もあれば、銀行に知人があるというので、金を借りに行くだけの常務取締役だってある。

何々賞もそれと似たようなもので、余り多過ぎはしないか。人をけなすよりほめる方が美しいことだし楽しいことには違いないが、賞めそこなったために、その人の前途をあやまらす結果にならぬとも限らぬ。たまたま格のある何々賞があって、それを受けたと思ったら、棺桶に片足突っこんでいることの証明みたいなことになってしまったり……。

さて、何を言おうと思っていたのかな。そうだ。ある晴れた日の午後であった……のつづきだ。私は、犬をつれて散歩に出た。いや、そうではない。小学校の先生と散歩したのだ。その先生は、遠い所から私を訪ねてきてくれたのである。福井県の人であった。私に、福井の産物をいつも送ってくれる人だ。福井のガクブツである。

わけても福井のうには日本一だ。方々の国々にうにの産地はあっても、恐らく福井のうには格別である。福井の四箇浦《しかうら》（四ヶ浦）のうにはとげがない。とげというか、針というか、あのくちゃくちゃと突き出た奴がないのだ。割ってみると、他のうにのように、柔かい肉がなくて、からの中にかたまった、乾いたような、丁度木の実のような奴がはいっている。落せば、かんからかんのかんと鳴るだろう。それを取り出して、俎《まないた》の上で、念入りに何度もムラのないように練られたものだ。そのうにの産地の人と、駅へ私も行くので、一緒に出掛けたのだ。すると、道ばたで遊んでいた小学生が、その先生を見て、チョコンと頭をさげたものだ。その先生は私を見返って、笑いながら言う。

「私はどこへ行っても、子供におじぎをされますよ。どこへ旅行しても、私は子供たちの目からは学校の先生に見えるのですね」

私は感心したり、寒心したりした。先生、というより型にはまりこんでしまった人を、私は立派だと思ったが、同時に大変さみしく思った。型にはまったればこそ、型にはまった教育を間違いなくやれるのだ。だが、型にはまってしまっているがために、型にはまったことしかできないのだ、と、思った。

料理だって同じことだ。型にはまって教えられた料理は、型にはまったことしかできない。私は、決して型にはまったものを悪いと言うのではない。無茶苦茶な心ない料理よりは、まだ型にはまったものの方が見苦しくない。大学を出ない無知よりは、同じ大学を出た無知の方がましだ。だが、大学に行っても自分でやろうと思ったこと以外は何も身に付かないものだ。本当にやろうと思って努力する人にとって、学校は不要だ。学校は、やらされねばやらない人間のためにある。自分で努力し研究する人なら、何も別に学校へ行かなくともよい。とはいうものの、習ったから、自分でやったからと言って、大きな違いがあるわけでもない。字で言えば、習った「山」という字と、自分で研究し、努力した「山」という字が別に違うわけではない。やはり、どちらが書いても、山の字に変りはなく「山」は「山」である。違いは、型にはまった「山」には個性がなく、自ら修めた「山」という字には個性があるということである。自ら修めた字には力があり、心があり、美しさがあるということだ。型にはまって習ったものは、仮りに正しいかも知れないが、正しいもの、必ずしも楽しく美しいとは限らない。個性のあるものには、楽しさや尊さや美しさがある。しかも、自分で失敗を何度も重ねてたどりつくところは、型にはまって習ったと同じ場所にたどりつくものだ。そのたどりつくところのものは何か。正しさだ。しかも、個性のあるものの中には、型や、見掛けや、立法だけでなく、おのずからなる、にじみ出た味があり、力があり、美があり、色も匂いもある。いや、習いたければ習うもよい。習ったとて、やはり力を、美を、味をと教えてくれるだろう。気をつけねばならぬことは、レディーメイドの力や美を教えこまれぬことだ。型から始まるのも悪くはないが、自然に型の中にはいって満足してしまうことが恐ろしい。型を抜けねばならぬ。型を越えねばならぬ。型を卒業したら、すぐ自分の足で歩き始めねばならぬ。同じ型のものが、たくさん出ても日本は幸福にはならぬ。山あり、河あり、谷ありで美しいのだ。しかも、山にも、谷にも、一本の同じ形の木も、同じ寸法の花もない。しかも、その花の一つ一つは、初めは皆同じような種から発芽したのだ。芽を出したが最後、それらのものは、皆それぞれ自分自身で育ってゆく。

習うな、と私が言うことは、型にはまって満足するな、精進を怠るなということだ。この本を読んだからとて、決して立派になるとは限らない。表面だけ読んで、満足してしまってはなお困る。実行してくれることだ。そしてそれぞれに研究し、成長してくれることだ。読みっぱなしで分ったようなつもりになってくれては困る。

それでは、個性とはどんなものか。

瓜のつるにはなすびはならぬ、ということだ。

自分自身のよさを知らないで、人をうらやましがることも困る。誰にも、よさはあるということ。しかも、それぞれのよさはそれぞれに皆大切だということだ。

牛肉が上等で、大根は安ものだと思ってはいけない。大根が、牛肉になりたいと思ってはいけないように、私たちは、料理の上に常に値段の高いものがいいのだと思い違いをしないことだ。

すき焼の後では、誰だって漬物がほしくなり、茶漬が食べたくなるものだ。料理に、その人の個性というものが表われることも大切であると同時に、その材料のそれぞれの個性を楽しく、美しく生かさねばならないと私は思う。

海の青と空の青

春の海はひねもすのたりのたりとしているそうである。

夏の海はつよい太陽の光をはねかえして輝き渡る。海も光るが、沖の一線にもくもくと盛り上った入道雲も輝く、空も輝く、海に遊ぶ人々の肌も輝く。

秋の海は、夫を失った夫人のたたずまいのようにさびしい。

それから、冬の海は、かたくなに黙っているかと思うと、時たま心の底から怒りを発した如くに怒号する。逆浪は光をかんで暗黒の空に星影はなくとも、高波のしぶきは、瞬間の幻のように岩にくだけ、天にそそりたつ。

春秋の海底には、かぞえ切れない魚類の世界がある。潮の流れにのって移動する魚群があるかと思うと、波をけって海上に飛翔《ひしょう》する魚たちもある。少し深いところに住む魚たちはその肌の色も、浅いところに住む魚たちとはちがう。水に泳いで生きる魚たちばかりではなく、海の底の砂にも、岩にも、生きものはそれぞれの場所を占めて居をかまえている。

あわびは、ぴたりと岩にすいついて、いかなる敵さえも、その硬い貝を抱きおこすことはできないと思える。が、こんなあわびの執念ぶかい執着をもはがす奴がいる。たとえば、タコである。タコは、坊主あたまを斜めに泳がせてあわびに近寄る。そしてその足で、あわびの貝にあけられた穴窓をすべてふさいでしまう。あわびは、息ぐるしくなって、そっと体を岩から離さねばならぬ。この時こそタコの待ちもうけていた決定的瞬間なのである。早速坊主はあわびをさらっていって、御馳走になる。この坊主は、そうした万端をひとりで片付けてしまうらしい。だから、タコの住まいのまわりは、おびただしい貝がらの城壁でかこまれている。城壁の中では、生《なま》ぐさ坊主が、いいきもちで眠っている。貝がらの城壁の中に眠っているのを知っている大きな魚は、突然これをおそって食らうのだ。また、うんと深海には、自分の体から光を発して、暗い暗い、少しも光のとどかぬ深海をゆうれいのようによぎる魚がある。また、頭の先にランプをつけたような奇怪な魚は、ランプをかざして獲物をあさり歩いている。

静かな海の底にも、号泣する嵐の海底にも、彼らの絶え間ない闘争は果てしなく行なわれ、強いものと、弱いものの戦いは、終ることなくつづけられているのだ。カニは、つめをふりたてて、横ばいをしながら、砂地からエモノをさがして食う。月夜ともなれば、月の光の明るさに、虫たちは、カニの姿を見つけていち早く逃げてしまう。カニが目玉をつき出してさがしても、なかなかエモノは手にはいらぬ。そこでカニは、ひもじい腹をかかえやせる。月夜のカニはやせてまずいと、人はぼやく。かと思うと、月夜に、海の底から砂地に這上《はいあが》って、砂に卵を産みにくる海がめもいる。魚や、貝だけではない、海底や岩上には緑、茶、紅などの、色さまざまな藻類が波のまにまにゆれている。

人間たちは、このかぎりなく広い深い海の底から、幾ひろの波の間から、魚を、貝を、藻を採って食う。最初になまこを食った人間はどんな人間だったろう。おそらくその人間は、あのグロテスクななまこをしばしば眺めていたことであろう。食おうと決心して、まず最初にこれを食った祖先は、歴史家たちが、むりにでっちあげた英雄よりも、愉快な人間であったと思える。

なんでも、生きているものは美しい。そして戦っている生活は新鮮である。海に生きているイカたちを見よ。イカは白い、などという御仁《ごじん》は、イカを知らぬ人だ。イカは決して白くはない。あれは、腐りかけているイカの死がいだ。イカは透きとおっている。透きとおっているばかりではなく、その体に燐光のような光をおびて、レースのハンカチで口もとをおさえている貴婦人のようにしなやかに泳いでいるのだ。鯛はその体に、光る宝玉をちりばめて、堂々と突き進む。海中の生物たちの世界は、植物色の光輝ある物語のように美しい。しかも、彼らは刻々生きんがための闘争をつづけているのだ。目をあげて、海のかなたの水平線を見よ。水平線につづくものは空の色である。海の色と空の色と一つにとけあっているようでも、海には海の色があり、空には空の光がある。海と空とは融けあって、水平線は海と空を画し、船はその一線を進むと見えて煙りを立てている。

飛ぶ鳥は何鳥か。つばさ白く、海と空と照りあう中間を、白いつばさの鳥が飛んでいる。

海の青、空の青にも染まずただようと、白き鳥の心をうたった歌人があったが、同じ青といっても、おのずからその青は、空と海とではちがうものなのだ。絵をかく時にとくゴフンは、白いが、白鳥を描くゴフンも、美人の顔を描くゴフンも、白き夕月を描くゴフンも、同じゴフンである。だが、出来上った絵は、それが立派な芸術である場合、月の白さと、白鳥の白さと、美人の顔の白さとはちゃんとちがったそれぞれの白さなのは何故か。同じ皿にとかれた同じゴフンで描いても、白鳥は悲しく、夕月は冷たく淡く、美人の顔はあたたかい。ここに絵画の心がある。絵筆は手の延長であり、ゴフンは心の表現であるからだ。白鳥も、夕月も、美人も、平気でゴフンをぬってはならぬはずだ。おのずからその白さがちがうように、これを描く人の心も、その時その時にかわってならねばならぬ。すなわち夕月をぬる時は、夕月は白いからゴフンをぬるのでは駄目だ。「夕月だ、淡く、冷たい夕月だ」と心に思ってぬらねばならぬ。美人だから、色が白いというのではなく、美人の頰だ、美人の手だ、美人の皮膚のやさしく、生きた肌に心が交《かよ》うのでなくてはならぬはずだ。こうして描かれた絵であれば、同じゴフンでもそれぞれのちがった白さが表現されるものだ。

料理において、塩を使う時、それがからくするための塩か、しるこなどをつくる時の、甘味を増すための塩かを考えて、からくする時は、からい塩と心に思って作れ。おしるこの時は、甘くなれと心に思ってひとつまみの塩を投ぜよ。茶さじ何ばいなどと、きっちりはかって入れてみても、その材料、火加減などで、必ずしも思った味になるとはかぎらぬ。作るときの心ということは、なにをするにかぎらず大切なことなのだ。絵を描く人も、この心を失って、ただ、ぬるだけなら、芸術家ではなく職人だ。絵画ではなく、ぬり絵だ。すべてものごとをするにあたって、技術に加えて必要なものは、その人の愛情であり、その人の品格が大切だ。同じ材料を使って、同じものをつくっていながら、そこに大きなちがいが生れてくる。

一つまみの塩、そしていま、鍋の中が、どんな味になっているか知らねばならぬ。いちいちなめてみなければ、加減の分らぬようなことではだめだ。味の加減ばかりみている中に、だんだん舌がまひしてしまって、どうやら気に入る味になったと本人が思った時は、鍋の中の半分ぐらいは、お加減をみてたべてしまう人がありはせぬか。鍋の中の味が、たべなくとも分ることくらいは当然のことだ。歌人は、石の心も鳥の心も歌っている。名医であれば、一々聴診器をあてなくとも、どこがわるいか分るという。大人だから、胃がわるいの、頭がいたいのと訴えるが、赤ん坊が病気になった時には、口をきかぬ、ものを言わぬ。聞かねば分らぬようでは、赤ん坊の病気は分らぬではないか。料理の味も、一々たべてみなくては分らぬようでは困る。芸術は、芸術家だけの専有物ではない。料理も芸術である。鍋の中の味が分ることは、料理するものの暖かい愛情であると思え。

材料か料理か

おいしい御馳走を作るにはどうしたらよいでしょうか？　などという声をよく聞く。おいしいものとは何か、ということをまず考えてみよう。

人間は習慣の動物である。

毎日、必ずコーヒーを飲まねばいられぬ、という人がある。また、たばこをやめられぬ人もある。そんな人にコーヒーはそんなにおいしいですか、たばこはそんなにおいしいですか、と聞いてみる。おいしいからやめられないのではなく、大抵は、習い性になっていてやめられない人が多い。人間は、習慣になったために、その習慣から抜け切れない場合と、毎日重なったために、かえってそれが鼻につく場合とがある。私が言おうとするのは、習慣は習慣として、誰でもおいしいと思うものの味の話である。

十人十色といって、その煙草にもコーヒーにもうまいまずいがあるらしい。それぞれ好みが違うかもしれない。だが、この場合のおいしいということは味つけの話で、私の言うところはものそのもの本来の味の話なのだ。

つまり材料の原味そのものの話である。

だから、おいしい御馳走というのは、上手な料理法ということは第二義で、実に材料だけだ、ということである。中国では料理の功は材料が六、料理の功が四と言われたが、日本は中国と違って、料理材料が段違いにすぐれているから、材料の功が九、料理の腕前はその一しか受持っていないのだ。要は材料の質が中国に勝っているからである。

甘い料理が好きな人もあり、からい料理の好きな人もあるが、甘い、からいのおいしさではなく、御馳走の味の「九」までをうけもっている材料のおいしさのことを話したい。

うまいすき焼はうまい牛肉がもとであり、うまいそばはそば粉の品質のよさであろう。うまいスパゲッティは麦粉の良質にある。

蝦《えび》といってもいろいろある。同じ蝦でも、本場の蝦は大分味が違う。なるほどと思うまでにうまい。場違いの蝦を、いくら巧みに料理しようと工夫しても、本場の手頃の蝦にはかなわない。このように、各地各国には、それぞれの土地においしいものがあるに違いない。各人はせめて自分のいる場所の近くで、魚では何が一番おいしいか、また、同じ魚を手にしても、その魚の一番おいしいところはどの部分か、ということを知らねばならぬ。一切の魚を買うにも、魚屋は大体どの一切を売ってもいいのだから、その魚の一番おいしいところを買う手もある。ある魚はしっぽの方がうまいが、また他の魚は腹の薄身が一番おいしいというふうに、吟味するがよろしい。同時に、一目見て、この魚は時を経ているか、新鮮かを見分けることができなければならぬ。それを発見するのは、目で見るだけでなく、心の目で見分けるのである。数多い経験の目である。

こういうことは、料理をする者にとって、まず一番大切な心掛けである。骨董屋《こっとう》でも、目が利くということが一番大切なのと同じである。骨董屋は商売だから、目が利くのはあたりまえではないか。我々は骨董屋ではないから、そんなに一目見て、味の好し悪しまではわからぬという人があれば心得違いだ。料理をする料理人は、骨董屋が骨董をあつかうのと同じく、料理をすることが商売ではないか。女房は料理をつくって、主人においしいものを食べさせ、働かせるのが任務ではないか。そのくらいの熱心さと誠意がなくては、よい料理人とは言えず、また責任を知る主婦とは言えぬ。

「料理の美味不味は、十中九まで材料の質の選択にあり」と解してよい。言うなら種《たね》を選ぶことに、ベストを尽すべきである。

料理の秘訣

うまい料理をこしらえる秘訣《ひけつ》
うまいものを食う秘訣

この秘訣を知ることが一番大事なことだ。その秘訣というのは、言ってしまえば手品の種といっしょで別段なんでもないことだ。つまり……なぁんだというようなもんだが……それは度々申すように良い材料を用いること、選ぶことだ。大方の人は、大概そんなことだろうと思ってた……と言うだろう。しかし、何事も早合点は軽薄とかあわてものというものだ。

料理の材料が良くなければ一人前のうまい料理とはならない。骨ばかり折れて世話甲斐のない結果しか残らない。労して功なしである。

ところで、料理のまずい理由は、大概料理人の材料を選択する際の不明、不注意からくる。選択の道を誤っているか、もしくは良否の判別ができ得ない未熟からだ。つまりはぼんくらを、寄ってたかって教育するみたいなもので、ただ徒《いたず》らに柄をそこなうというものだ。ヘマな料理ができ上るのみだ。

良き材料を得ても、生かして用い得ず、わざわざ本質を殺してしまっているものもある。これはまた賢児を得ながら、教育し善導する道を知らないのと同じである。

みなさんは、いつの場合でも料理の補助味、すなわち鰹節《かつおぶし》の良否を眼で見て判るだろうか。出し昆布の鑑別ができるだろうか。何のかのと料理を語る人はあっても、大概はこの第一歩の答すら自信を有する者は稀なようだ。

味噌《みそ》の良否、醬油《しょうゆ》の良否と種類別、酢のよしあしと色別、香り別、油、塩、砂糖、日頃こういうものを吟味してかかっているか。

こんな話は面白くないなあ……というのでは、料理の向上を心掛けることは無理だッ……と私は突放す。

知人の多くは、私に高級料理についてよく聞くけれど、その人々は、まず鰹節が薄くきれいに削れる鉋《かんな》を持たない。持ってはいても、削り方を知らずにやっている。醬油、酢、油など、料理の上に重要な役目をするものにきびしく注意を払っていない。みな出《で》鱈目《たらめ》だ。昆布出しの取り方はもちろん、煮出しの取り方を知らない。だから用いる分量なども当てずっ法だ。これで料理経済を語るなどは噴飯ものである。

毎朝の味噌汁のこしらえ方まで、年中無茶苦茶をやってそれで何とも思っていない。そのくせ、からすみは長崎に限るの……このわたはどうだのと、生意気を臆面《おくめん》もなしに言う。こんな軽薄な輩では男にせよ女にせよ、料理の向上なんぞ願っても叶えられない。

元来「料理」とは、理《ことわり》をはかるということなのだ。「ものの道理をはかる」意であって、割烹《かっぽう》を指すのではない。

日本料理屋、西洋料理屋というふうに食物屋を料理屋と呼ぶけれど、意味をなしていない。料理という字は、割烹のように煮るとか、割《さ》くとかいう意味を含んではおらない。「料理」すなわち理をはかる、理を考えるのはとりもなおさず、割烹の内容を指すのであろう。料理は国を料理するでもいい、人間を料理するでもいい。だから、割烹店の場合は、魚を料理する、蔬菜《そさい》を料理する、の意が当てはまる。

要するに、うまいものをこしらえることは、調節塩梅《あんばい》に合理が要る。合理的でなければならぬ一手がぜひ入用だ。

こういうと、大分話がしち面倒になってくるが、実際、料理をうまくすることは、台所に立つ者に趣味がなかったら面倒極まりないことであろう。とにかく、ものの道理から離れることは許されない。浅草海苔《のり》一枚焼くにしたって、かき餅一枚焼くにしたって、以上の心が欠けていては満足なことはできない。つまり馬鹿には不向きだ。そのかわり一途に勉めさえすれば、馬鹿でも利口になる。ただし馬鹿の一つ覚えだ。いや、何から何までと言っておこう。

料理について、まあ色々と文句は言うけれど、合理合法の第一着手としては、良き材料を得ることだ。魚介、野菜、鳥獣肉、何であろうと良材を要する。良き材料というと直ぐに高価に違いないと連想されるだろうが、そうとばかりは限らない。豆腐一丁は、どの売子から買っても同じ値だ。上手な豆腐屋の豆腐を買った方がうまいだけ得だ。味噌、醤油、酢、おしなべて大した値違いはない。こんな日用のお惣菜でも目の利く、味のわかる者は同値でいて、うまいものを食う。塩鮭一切でも、大根一本でも、質のよしあしを知るものは、同じ金でもって美食する。また、贅沢で値段の少々高いくらいは、前もって承知の食道楽者にとっては、なおさらのこと、材料の選択が第一課だ。鯛一尾買うとして、いかなる鯛を買うか、鯛そのものが質が悪くては、うまい鯛料理ができないのは言うまでもない。テレビでは、よく「白味なら何でもよろし」などと平気で言うが、これは恥しらずの言うことであると思うべきであろう。

また、素人は一貫目もある鯛を見ると、大きさに感心してうまいだろうと考えるが、こんな大きな鯛は見掛け倒しで、いずれにしてもうまいわけにはいかない。また魚市場で生かしてある生鯛は、素人目を喜ばせて、生きているより良い鯛はないように思いはするが、必ずしもそうではない。俗に「野じめ」と言って、沖で一思いに殺し、うまく保存して来た上等の鯛の方が、死んでこそおれ遥かに生鯛よりうまい場合が多い。生きている鯛は、河岸《かし》に上げられるまでに、船《ふね》底の槽で苦しめられ、河岸に上げられてからは、人造海水で、無理やりに小さな溜めの中に生かされる。そのため、鯛の味の中の一番大切な脂肪は逃げて、鯛は水ぶくれとなり、見た目を偽ってまずい鯛となり終ってしまう。

しかし、中には例外として、上々吉うまい場合もある。一概に考えるものではないが、まああそんなもんだとして、生きているからって、一途にとびつくのは考えものなのである。季節でいうと鯛は、三、四、五月くらいがいい。私は五月頃、朝鮮に旅行して、木浦《モクポ》から馬山《マサン》まで相当長い距離を、海浜に添って、明石鯛以上にうまい鯛を賞味し続けて歩いたことがある。

また、日ごろは鯛の質の悪い加賀の山代《やましろ》から金沢辺において、平生とは似ても似つかぬうまい鯛を、四五月ごろ何度も賞味したことがある。これは対馬隠岐《つしまおき》〔壱岐《いき》か〕辺から来たものらしい。

四、五月ごろの明石鯛（瀬戸内海鞆《とも》の浦辺《うら》で漁《と》れるもの）の質の良いことは論ずるまでもない。大きさでいうと、四百匁《もんめ》、五百匁〔一匁＝三・七五グラム〕というところだ。それから上は大味で、うまいもの食いには駄目だ。もっぱら大臣祝賀用だ。むしろ小さい方に取得《とりえ》がある。鯛の背中を指で圧して、グミグミと肉の柔らかいのは、刺身にならない。ゴム鞠《まり》のように張りのあるものがいい。

痩《や》せたのは良くない。発育の悪い証拠だ。目の色や鱗《うろこ》の色の冴《さ》えを失ったのがいけないことはいうまでもない。腹の膨れかえったのには色々の訳がある。卵を貯えて腹の大きいもの、餌を含んでいるもの、空気がはいって膨張しているもの。

卵で大きいのは良いけれど、後の二つは注意を要する。鯛も切身で買うのは面倒はないが、一尾まるごと買い当てるとなると、以上のような鑑定力を要する。

卵が成熟する半月前がうまい。成熟してぼつぼつ卵を海草に生みつけかけたのは、卵袋中で卵と卵との間に空間ができていて、食ってもうまくない。白子《しらこ》は雄魚の精巣だろう。この白子は、一般には真子《まこ》ほどに喜ばれないが、うまいもの食いは言い合わしたように白子をうまがる。フグの白子などは誰しも天下一品と叫ぶものである。

筆にも口にもつくす

ある日、ある女の人とこんな話をした。

「先生、料理するときの心掛けについて、話していただけませんでしょうか」

「なるほど、君はなかなかいいことを聞くね。方法をきかずに、心掛けを聞くところに見どころがある。それはね、まず親切ということだ。親切を欠くなということだ」

「ハイ、親切を欠くな……でございますね」

「そうだ、真心だね。こんな話がある。ある人が、とある別荘で暮していた。別荘にもいろいろあるが、あまりありがたくない別荘だよ」

「まあ申せば、小菅《こすげ》〔東京拘置所がある〕のような所ですの？」

「うむ、君はなかなかもの分りがいいな。つまり、そうした別荘だよ。そこでだ、その別荘に毎日差入れが来る。弁当が届けられるのだな。日々、いろいろの人から差入れ弁当が届くのだ。友人から届くもの、知人から届くもの、その人が世話をしてやった人から届くもの、その人が別荘から出た時に利用してやろうと思う奴から届くもの、いろいろだね。その中で、その人が差入れの人の名を聞かずとも、すぐに分る差入れ弁当が一つあった。それはその人のおっかさんから届けられるものだった。その人は、すぐそれが母親からのものだと分ったそうだよ」

「先生、やはりその母親から届けられる弁当には親切があるからですね」

「そうだそうだ、誰の弁当にもまさる真心が、すぐその人に通じたのだな」

「分りました。先生、では、一番親切な料理は、母親や女房が作ったものということになりますね」

「そうだともそうだとも」

「では、先生、伺いますが、恋女房が、それこそ真心をつくしてこしらえた料理が、世の中で一番おいしいはずなのに、よそで食べる料理の方が、はるかにおいしい場合があると思いますが、いえ、大抵の場合、家庭の料理より、料理屋の料理の方がおいしいことが多いのですが、これはどうしてでしょうか」

「うむ、君はいいところを突いてくるね。わたしは、親切心、真心が一番大事だといったが、それが一番おいしいとは言わなかったはずだ」

「うまくお逃げになりましたわね」

「逃げはせんよ。なにも君と鬼ごっこをしているわけじゃない」

「じゃ、先生、そこを説明してください」

「いいとも」

「早く聞かせてください」

「そう、せっかちに聞くな。いま、ゆっくり話すよ」

「どうもすみません。これから気をつけます」

「あやまらんでもいいよ。ハハハハ、さて、話のつづきだ。真心が第一だが、真心だけではいかん。真心は大切だが、真心さえあればなんでも通るというなら、世の中は甘いものだ。新婚早々の夫婦なら、恋女房の炊《た》いた御飯が、シンだらけでもうれしいだろう。恋女房の作ったビフテキが、わらじのようでもありがたいだろう。だが、新婚夫婦はいささかのぼせている。真心とか、親切とかいうものは、のぼせあがったものではない。もっと冷静でなくてはいかん。本当の真心があって、しかもその真心が形に表われた時、初めて真心が見えるのだ。思っているだけではだめだ。思っていても見えぬ。それをあらわさねばならぬ。筆にも口にもつくされ申さず候というのは逃げ口上だ。筆にも口にもつくさねばならぬ。いくら思っていても腹はふくれぬ。思っていることをどんどん表現することができねばならぬ。真心があればできるはずだ。いや、やらねばいられなくなるはずだ。それは方法だ。工夫だ」

「分りました。例えば、どんなことでしょうか」

「いよいよ、君の聞きたいところへ追いこんできたね」

「早く聞きたいものですわ」

「日本には、今から少し前にお女郎《じょろう》というものがあった」

「先生、お女郎の話ではありません。お料理の話です」

「待て待て、ここから言わねば分らん。お女郎は大変上手だ」

「それがお料理とどんな関係があるのでしょう？」

「例えば………そういやな顔をせずに聞きなさい。女房は下手だが、お女郎は上手だ。客の喜ぶところを知っておる。料理屋の料理もそうだ。客の好むところを知っている。つまり、商売人だ。料理屋の料理もそうだ。だが、これは形だけのものである場合が多い。その代り、あとで金をとられる。女房に枕代や料理代を払う奴はない。だからと言って、女房たるもの、ゆるんではならぬ。長年の間に大切な真心さえも忘れてしまうものがある。だから、主人は料理屋にばかり行き、よそに女をこしらえる。真心があれば、そこにテクニックというものが必要だ。かと言って、テクニックを重要視してはならぬ。また、これをケイベツしてもいかぬ。別にお女郎の真似をしろとは言わぬが、真心があれば、部屋に花を活《い》けるのも一つの現われだ。媚態《びたい》をせよとは言わぬが、好きな人の前では、おのずから媚態をなし、声もやさしくなるものだ。料理においても、吸物《すいもの》一つ作っても、真心さえあれば水くさくともいいというものではない。味をよく、そこに、ひとさじの調味料をつかうということは、よりおいしく食べさせようという真心の現われだ」

「先生、よく分りました。もう失礼いたしますわ」

「おいおい、そうあわてて帰らなくともいいだろう。話はこれからだよ。つまり、いかにして、経済的に、安くおいしいものを作るか、材料の選択はどうか等々。大切なことはこれからだよ」

私の言葉もそこそこに、彼女はあたふたと帰って行ってしまった。

不老長寿の秘訣

美味談も考えてみるとなかなか容易ではない。前に木下〔謙次郎〕の『美味求真』、大《おお》谷光瑞《たにこうずい》の『食』、村井弦斎《むらいげんさい》の『食道楽』、波多野承五郎《はたのしょうごろう》の『食味の真髄を探る』、大河内《おおこうち》正敏《まさとし》の『味覚』など、それぞれ一家の言を表わしてはいるものの、実際、美味問題になると、いずれも表わし得たりと学ぶに足るほどのものはない。

各々美味道楽の体験に貧困が窺えて敬読に価いしない恨みがある。というのは、料理を作る力の経験を欠くところから、ものの見方考え方が、皮相に終ってしまって物足りないのである。また一面、先天的素質にもの言うものがないため、という理由もあろう。それに第一、美に関心がうすい。

いずれにしても、食いもの話はあまりにも広く深いので、軽々に論じ切れるものではないようだ。だから多くの人の食物談というものが、いつの場合も出鱈目である。極言するなら、食物を楽しみきる術《すべ》を知らないし、また意欲も足りない。

私にしても美味道楽七十年、未だに道をつくすとは言い得ない。ただ道を楽しんでいるまでのことである。しかし七十年も絶え間なく美味生活に没頭した結果、さすがに突当ってしまい、最高の美味というていいのものは殆んど影を没し、まことに不自由この上もない所に至ってしまった。「歓楽きわまりて哀情多し」の感なきを得ない。これが今日の私である。

私を知る多くの者は、そうなっては不幸だという。そうかも知れない。どうやら美食癖七十年の成果は不幸に終ったようだ。嘲笑《ちょうしょう》に価いするらしい。

しかし、人の世でいろいろ与えられている天恵の中でも、命をつなぐ「食」、これをおろそかに受取ることは相済まぬことである。数千数万の食物は、一々別々の持味をもっていて、人間に無上の楽しみを与えている。この一々の持味を受取ってありがたく享楽するのが食事であり、料理の道理である。下手な料理で、ものの本質を殺し、せっかくの持味を台なしにしてしまう如きは、天に背くものと言えよう。食ってうまくないものを怪しみもせず、無神経に食べて、腹ふくらし病気ばかりしている人々の姿は、まことに笑止千万と言いたい。ラジオ、雑誌、テレビで毎日のように栄養を説いているが、これは栄養失調者がこの世の中にいかに多くはびこっているかを物語っているものといえよう。

幼稚な栄養研究者は、栄養食と栄養薬を混同しているようである。栄養食とは口に美味で人間を楽しませ、精神の糧《かて》ともなるもの。栄養薬とは病人をいよいよ病人にするばかりの不愉快極まりないもの。もう一度言ってみよう。栄養食というものは人間が自己の欲求して止まぬところの美味。これを素直にとり入れ、舌鼓打ちながら、うまいうまいと絶叫し続けるところに、自ずと健康はつくられ、栄養効果が上がるのである。多くの実例が示すように、栄養食がまことにまずいものと評されているようでは、理屈通りの栄養効果は望めるものではなかろう。

食を説く限り食品そのものの持つ特質を鋭敏に察知し、そこから料理を工夫発見し、合法的に処理するなら、食ってうまい。うまければ栄養は申分なく発揮され、身心爽快、健康成就と落ちつくのである。こうなれば料理の考え方も芸術的になり、おもしろくもなるというのである。世間のインチキ料理、出鱈目料理にごまかされて生活しておるとすれば、世の中が殺伐《さつばつ》になるのは当り前だ。「衣食足りて礼節を識《し》る」は今日においても真実の言だ。この本の中で、私の体験を誇りがましくいうつもりは毛頭ないが、今述べたような食生活を長々と続けた結果、私は七十余歳の今日まで、およそ病気らしい病気をしたことがほとんどない。常に人から酒後の顔色と間違えられるまでに血色が良いらしい。第一寒さを覚えぬ。暑さにも平気である。仕事にしても通常人の数倍はして来た積りである。能く笑い、能く談じ、金のないのも人の笑うのも一切苦にならぬ。だから健康なのだと人は言う。己の欲する好餌ばかりの生活は、これこの通りということになろうか。

料理する心とは

日本料理の革新を叫んで星岡《ほしがおか》を始めたころ、私が板場《いたば》へ降りて仕事をしだすと、料理材料のゴミが、三分の一しか出ない、とある料理人から言われた。料理材料の不用分を私が処理すると、捨てるところが減少してしまうからである。私は今でもそれを誇りにしてよいと思っている。ある時、板場へおりて行ってみると、ふろ吹大根を作るというので、勇敢に大根の皮をむいている。試みにその皮をどうするかと聞くと「捨てまんね」と言ってすましている。皮だから捨ててしまえばそれまで、糠味噌《ぬか》へ入れれば漬物になるし、その他、工夫次第で何にでも重宝に使える。

こんなことを廃物利用と人は呼んでいるが、大根の皮の部分というものは、元来廃物ではない。廃物だというのは、料理知らずのたわごとである。皮の部分にこそ、大根の特別な味もあり栄養もある。だから元々、皮をむいて料理すべきものではない。皮をむく場合はお客料理としての体裁か、また大根が古くて皮が無価値になっている場合とかに限るのである。そこのところがわからない料理人は、なんでも皮をむいてしまう。私は鎌倉で、大根を食う場合は、いつでも畑から抜きたてのものを用いる。もちろん、そういう新鮮な大根は、皮などもったいなくてむけるものではない。

その道理のわからない無教養な料理人は、鎌倉で抜きたての大根をあてがっても皮をむいてしまう。食う相手が私である場合には、そんなもったいないことをしてはいけないと言って、いつも教えてやるのだが、もちろん相手にもよる。半可通のお客が来ていれば、そのお客にあわして皮をむくのも、ときには必要となろう。だが、大根の皮は、貴重なものであるということを、初めから呑み込んでいるのでなければ、本当の料理人とは言えない。料理の憲法を学ばない輩は困ったものだ。単に大根に限らない。たとえば山葵《わさび》の軸である。あれをみな捨てているが、山葵の軸の色は青々として清々《すがすが》しく、シャキシャキして歯当りの感触もよし、味もちょっと辛くて、使いようによっては皮肉にもまた良いものである。箸洗いなどに配してもシャキシャキして活きる。他の何物をもってしても、山葵の軸に優るものはざらにない。

私がこういう話をしだすと、至らない若者の中には、ケチで言うかのように考えるものもあるが、ケチであるかないかは他のことを見ればわかる。私がそうせずにおられないのは、料理し得るものを料理しないということは、料理人として冥利《みょうり》がつき、権威にもかかわると思うからだ。

料理材料というものが何万何千あるか知らないが、一つとしてそれ独自の持味を有しないものはない。どんなものにも、他のものでは代用し得ない持味があるものだ。天が作り地が作った自然の力がものを言っているからである。料理が材料の持味を活かすことにあるとすれば、利用し得るもの総てを利用してこそ、初めて料理という名に価し、料理人たるの資格があると言い得られる。それこそ料理の心というものである。

料理芝居

良寛は「好まぬものが三つある」とて、歌詠みの歌と書家の書と料理屋の料理とを挙げている。全くその通りであって、その通りその通りと、なんべんでも声を大にしたい。料理人の料理や、書家の書や、画家の絵というものに、大したもののないことは、我々の日ごろ切実に感じているところである。

しからばこれは何がためであろうか。

良寛の言うのは、料理人の料理とか書家の書というようなものが、いずれもヨソユキの虚飾そのものであって、真実がないからいかんと言っているに違いない。つまり、作りものはいけないというのだ。

だが、私の思うには、家庭料理をそのまま料理屋の料理にすることができるか、と言えば、それはできない、客は来ないからだ。明らかに家庭料理と料理屋の料理とには何とも仕方のない区別がある。

その区別は何か。家庭料理は、いわば本当の料理の真心であって、料理屋の料理はこれを美化し、形式化したもので虚飾で騙《だま》しているからだ。例えていうならば、家庭料理は料理というものにおける真実の人生であり、料理屋の料理は見掛けだけの芝居だということである。

これは芝居であるばかりでなく、低い社会を歩むには芝居でなければならないのである。しかるに料理屋の料理を一般にいけないというのは、この芝居が多くの場合デモ芝居だからである。この芝居を演ずる料理人が大根役者であって、名優でないからである。今日、何々仏蘭西《フランス》料理、茶料理、懐石などを看板して誇張するものは、現実に非難されもするが喜ばれているものもある。

料理屋の料理は家庭料理であってはならないと言ったが、それは客が承知しないからだ。これはあたかも実際生活における行為と、芝居において演ずる所作とが同じであってはならないのと全く軌を一にする。

試みに、夫婦喧嘩の芝居を舞台にかける場合を考えてみるとよい。もしある役者が、実際の人生に行なわれる摑《つか》み合いの夫婦喧嘩を見ていて、それを、その通り舞台上で演じたとするならば、怒号している言葉が、かえって冗談でも言っているように聞えて来て、悲劇であるべき場面が滑稽に見えるであろう。そこで舞台上においては、真実よりもある場合には誇張も必要であり、また省略することも必要となる。舞台の上を走るのに、我々が実際に地上を走ると同じようにランニングを行ったのでは、走る感じが出ない。

それと同じ心で、料理屋の料理は、家庭料理を美化し、定形化して、舞台にかけるところの、料理における芝居なのである。ただし、これが名優の演技にならねばいかんのだ。我々が料理屋の料理をいかんというのは、その料理人が名優でないからである。

これを書について言ってみるならば、書は日常の用に立てる手紙とか日記とか、人に書のうまさを見せるのが目的で書いたものでないのが本当の書である。書における実人生なのである。だから書としては、これが一番純真な美的価値を有するわけである。しかしこれを軸にして床の間に掛けて楽しむとか、額に入れて欄間の飾りにするとかするには、余程の人でない限りどうもそれではよくない。ここにおいて書にもまた、これを美化し、定形化するような芝居が演ぜられる。書家の書が即ちこれである。

だが、多くの場合この書なるものが、料理人と同じく名優の名技ではない。だからその書が名技として尊敬の的にはならない。要は書家の書だからいけないのではない。大根役者の芝居だからいけないのである。

しかし、我々の生活には芝居をしなければならない場合は非常に多い。広く世人と交際する公的生活においては、言わずもがなのことであるが、芝居の必要のないと思われる私生活にあっても、芝居気が全くないかというとそうではない。

例えば親子の間柄もそうである。父は子に対して友人と対する時とはおのずから異なった態度をもってせねばならぬ。即ち、父親らしい振舞いを必要とする。赤裸々な人間として、我が子に対することはできない。

全く芝居を必要としない社会というものは、余程山奥の部落にでも行かねば存在しないと思われる。しからば、この芝居は芝居だからいけないかというとそうではない。ただそれがまずい芝居であっては、父として子を訓育することも、子供によい影響を与えることもできない。まして我が子に対し、友人に対すると同じような、間違った芝居をするならば、それは、なおさらよろしくあるまい。我が子に対しても、我々は親として名優となることが必要だと言うことがわかる。

広く社会を見るならば、この芝居のうまい者が社会的成功者であり、下手な者が没落者であることもうなずける。

日常座臥《ざが》、我々の生活に芝居はついてまわる。料理屋の料理は、料理の芝居であるという私の考えは、強いてはそこまで行かずにはおかないのである。

料理人を募る

「料理人を募る」星岡茶寮《さりよう》で新聞広告を出すと、たちまちあのチッポケな十行くらいの雇傭《こよう》広告一回に対して、百人余りもぞろぞろ申込者があった。不景気で失業している人の多いのにもよろうが、料理人が世に溢れるくらいたくさんいるのだとは、よくよく肯《うなず》かれる。にもかかわらず、ここにこの広告を出すことになった。たくさんの人を欲しいためではなく、たった一人の真の料理人を本誌読者諸氏のお知合の中から得られはしまいか、と思ってです。

真の料理人とは、良寛さまから「いやなものは料理人の料理」と、いやがられない良い料理をこしらえ得る人です。従って、ほんとの料理をよくよくわきまえた人で、今後わきまえ得る人の意味です。

そういう料理人はまず第一に味を知り、味を楽しむ人でなくてはなりません。うまいもの、うまくないものに対して、極度の緊張した神経を始終持って、日常の食事を踏み台として、人生の修業をやっていく心がけの人です。月収百円、二百円、三百円を目的として茶寮にはいろうとする人は望むところではありません。

応募の資格。日本料理と限らず、美的趣味を持っている人。絵画、彫刻、建築、工芸等、芸術に愛着を持ち、今日まで食物道楽で変人扱いを世間から受けるくらいの人。そうして非常に健康な身体を持った人。

時と場合、人柄と嗜好とを考えて臨機応変の料理をこしらえる。この気転と、そして美味を解する人、後世天下に名料理人として名を遺《のこ》す料理人をたった一人でいいから見つけたいと思います。またそういう質の人を教育したいと思っています。年齢を問わず、経歴またこだわるところでありません。豊かな天分を持ち、不屈の努力でやって行く人を茶寮料理人として募る所以《ゆえん》であります。希望の方は茶寮の人事係へ履歴書を添えてお申込み願います。

注（この原稿は私が星岡茶寮を経営していた時分、機関誌「星岡」に掲載した募集広告です。料理に対する私の態度、考え方が窺えるものと思い、原文のまま本書に再録することにしました。）

狂言『食道楽』

登場人物
大名
目
鼻
口
耳
胃
手
心

大名「まかり出でたるは、このあたりの大名でござる。われ日頃より、美食をなしてござれば、当年とって百一歳でござるが、これごらんあれ、栄養は満々点、ヒフの色はツヤツヤと、あの方の心臓もことの外《ほか》つようござる。なんと方々うらやましうはござらぬか。老いてますます盛んとは、まことにそれがしのことでござる。ハハハハハ
ただいま、食事も了《おわ》ったれば、先ず、ゆるりといたそう。ヤレヤレ、ヤットやあ、どうやらねむうなってきたわ。腹八分目と、ことわざにいえば、きょうとても、八分目でひかえたにかかわらずこのようにねむいは、いかなこと、ヤヤもう、目があかぬわ、グータラグーグーグータラ」

舞台、暗転

目「これは、目でござりまする」
鼻「まかり出でたるは、鼻でござる」
口「このものは口でござりまする」
耳「わらわは耳でありつるぞ」
胃「これは胃袋でござる」
手「われこそは手にござりまする」
心「まかり出でたるは、心でござりまする」

目「よいぐあいに、うちの大名は、いねむりをいたしております」
鼻「この間に、そっとぬけ出してまいってござる」
口「さあさあかたがた、ゆっくりくつろいで語ろうではございませぬか」
耳「されば輪になって、みなのもの、坐りや」
一同「かしこまってござる。かしこまってござりまする」
胃「さてこそ、うちの大名が長生きをなさることは、ことの外喜ばしいことではござらぬか」
手「いかにも」
一同「さようにござりまする」
心「それというのも、つねづねたべものに心くばらるるためと存じまする」
鼻「いかがでござろう。きょうはうちの大名が、このように長生きをなさるを祝うて、長寿栄養の座談会をいたし、広う世間へ、公開いたそうではござらぬか」
目「それはまた、一段と思いつきにござりまする」
耳「しからば、心、そなた、司会をしやれ」
心「かしこまってござる。それなれば、真中にどーんと坐らせていただきとうござります」
耳「よいよい、うちの大名はすみにおけぬお人じゃによって真中へきやれ」

心　「ハー」

鼻　「さればうちの大名は、目から鼻にぬけるお人じゃによって、わたくしは目のそばに行きとうござる」

耳　「よいよい、行きや」

鼻　「へーイ」

耳　「さて、うちの大名は大そう口がわるいとの、世の評判じゃにより、口どのは、うしろの方へ、遠慮しや」

口　「これはしたり、なんと仰せられまする。口がわるいとはいかなこと、私ある故に、おいしいものもたべられ、長生きなされたものでござりまする。うちの大名の長生きは、みんな私のおかげでござりまする。私がなかったならば、なんでものをたべまする。すべてたべものは、私がたべるのでござりまする。私は正座にすわりこそすれ、うしろの方へすわるのはいやでござりまする。なんと、耳どの、いばってみたとて、よも、耳ではたべられますまい。さあさあ、なんとでござりまする」

耳　「言わしておけばええはらのたつ〳〵。そなたばかりをいばらせてはおけぬぞえ。口でたべるとは、せんえつしごく……」

口　「それじゃと言うて、耳でたべられるものでござろうか、なんと〳〵」

耳「はて、はしたないお方よ、口ほどにもないと、つねづね世の中で言うはここの道理、口でいくらいばったとて、真理はもっと、おくの方にこそありつるぞ。まことをしらずべらべらとしゃべりたもうそれ故に、口はわざわいのもといいふらされ、わらわまでが、めいわくいたすということ。とくとくお知りたまえかし」

口「やあ」

耳「いくらそなたがさかしうても、そなたがいばってもの言えるは、みなこの耳のおかげぞや。話をいたすそのときもわらわがきいてつかわさねば、そなたは返事もなるまいが……そなたのようなお方のいうこと、これより先きく耳もたぬわ」

口「それならこっちも口きかぬわ」

心「ヤレヤレまたれ、またっしゃれ。はてはてこころいたいことでござる。口どのには、まま、ちとおつつしみなされ」

口「それなら耳でたべてみせるか」

心「やれ、そのような無理なこと……まず、またせられい。一つ、うかがってみよう。もし、もし、耳さま、そのように、とりすましてしまわれるものでござらぬわ」

耳「耳すますというて、すますはわらわの天分じゃ」

心「されば耳すませて、ようおきき遊ばされよ。耳でたべいと口どのは言わるるが、

耳　なんと耳でたべることが、できることでござろうか」

耳　「いかにも、たとえいかなる美食といえど、まず第一は、この耳でたべることにてありつるぞ」

鼻　「ヤ面白し面白し、いかなれば耳にてたべると」

一同　「仰せでござる」

耳　「不しんはことわり。いざいざ語りきかそうぞや。口ばかりでたべるというは、犬・猿・猫ならいざしらず、人たるものはまずまずよろしく耳にてたべるべし、耳にてたべぬ人ならば、犬・猿・猫にもおとるべし……『こはこそ、ききたまえ、この鯛は鳴門の鯛にて候ぞ、また、これなるは……』などときくこそうれしけれ。まず、きくことのたのしさや、きけばなおさら食欲も、まさりてたべぬその先に、口につばわくそのたとえ。いかがでござる。耳にてたべるということわり。ようやくわかりたまいしか」

心　「いかにも左様《さよう》、犬に『これきけ、こはこそ鳴門の鯛なるぞ』と言うても分らぬことでござる。人間なればまず耳よりたべるというは、もっとも、もっとも」

目　「少々おまちくだされまし。きいていれば、なんでござる、耳でたべると仰せでござりまするか。それならば、この目もまけずにたべられるということでござりまする」

心「ヤア目でたべると仰せでござるか」

目「いかにもさようでござりまする」

心「しからばそのわけをお話しくだされ」

目「かしこまってござりまする。たとえ、各地の名産が、あつまったとて、きいたとて、次にたべるのはこの目でござりまするぞ。まずは料理のいろどりでござります。まぐろのさしみにトマトの輪ぎり、赤貝の酢のものにチキンライスと、こう赤いものずくめでは、共産党の店だしのようではござりませぬか。

また、そうかというて、黒鯛の塩焼に、たにしの味噌あえ、なすびの煮つけに、いかのすみ、ごはんのおこげに、黒いまめ、しおこぶ、ぼたもち、ちょうちんもちと、こう黒ずくめでは陰気でならず、箸をもったら念仏の、一つも言わねばなりませぬ。

そこで申すなら、いかのさしみによくきくわさび、おしたしものにはごまなとふって、野菜の色の失せぬよう。まず目にもの見せて楽しませ、それにて味もひきたちまする。まだまだ申せばうつわの好み。料理にとって、食器というものは、それこそ料理のキモノでござりまする。

いくら美人でも、着るものの好みがわるくては美人も台なし。高価なものではございませずとも、よくそのものに調和した、キモノを着せるは理の当然、キモノと帯が不調和でも、こまったものでござります。顔はうしろで見えずとも、帯の結びようでちょいと惚れる。食器は料理のキモノ故、うつわも大事でござりまする。と、こう申せばお料理は、まず目でたべるという道理、なんといかがでござりまする」

心「いや、目に言われてみればそれもことわり。それにしてもそなた、なんとようしゃべるお方でござるな」

目「はい、目は口ほどにものを言いと、みな知ることでござります」

鼻「しばらくしばらく、しばらくしばらく、それがしにも、もの申させてくだされよ」

口「また誰やら出しゃばってこられたな、おお、お前さまは鼻さん、花よりだんごということがござります、ひっこみなされ」

鼻「ハナせば分るというものでござる」

心「おしずかにおしずかに、まずまずお静かに。さて鼻どのには、なんぞ文句がござるか」

鼻「いえ、文句は別にござらねど、ちと言いたいことがござる。言わしておけばぬけぬけと、鼻もちならぬことにござる。料理は鼻でたべまする。議長、なにとぞわたしにも、少々言わせてくだされい」

心「いかにも、さっそく申されよ」

鼻「かたじけのうござる。

さて、おのおのには、おききくだされい。鳴門の鯛ときく前に、料理の色を見る前に、料理をいたしておる間に、まず匂うてくるはその匂い。皿に盛られて目の前に出されるそれよりまだ前に、おお、おいしそうなその匂い。料理の姿は見えずとも、おや、きょうの御馳走は天ぷらじゃ。へへ牛肉の匂いじゃなつかしや、さてもこうばしいゴマの匂い。ごはんがこげておりまする。早うまきを引きなされ、と気づいてやるのもこの鼻さま。また料理をたべぬ先、おいしい匂いをかげば半分は、先にわたしがたべている。わたしがたべのこしたおあまりを、目がそろそろとたべている。アハハハ」

目「なにを言われるやら、なんでまあ、わたしがお前の残りものをたべるものか、目から鼻にぬけるという通り、私からお前の方へさげ渡すのじゃ。あまり鼻高にならぬがよいわ。その鼻折って進ぜよう」

とつまむ。

大名ねむりつつ、ゆめうつつにいたたたたとハナをおさえる。

耳「はてはて、そのように争うてはなりませぬぞ」

鼻「ヤア、大切なハナをつまむとはなにごと」

目　「どうせそなたは鼻つまみもの」
　　と二人あらそう。口々に一同とめる。

口　「なんというても私が第一。口には、歯もあり舌もあり……甘いも酸いもかみわけて、浮世の風のつめたさも、人の情のあついも知って、この舌三寸であしろうて、みんなのみこむ私の手練。なんとそうではございませぬか。この大名の長生きも、みんな私の心がけ」

胃　「いやまて、またれよ。そうは言わせぬ胃袋が、ちゃんとひかえておりまする。いくら美食をくろうても、この胃袋がうけとって、消化するのは私のつとめ。もしまちがえてうのみした、目は白黒の大さわぎ。心ははっとときめけど、私がうけとりこまごまと、歯の代理さえいたします。
この大名の長生きは、みんなこの胃袋さまのおかげでござる。たべてくだったたべものも、そのまま通過はさせませぬ。この胃袋の関所でとどめ、吟味、認識、品さだめ、血になるものは血となして、ビタミン、ホルモン、カルシュウム、いかなるものがまいっても、間違うことなくよりわけて、この大名を長生きさせた、手がらはなんと世界一、胃が勤勉であることが、長寿第一の手がらでござる」

手　「それなら拙者も申さばなるまい。ものをたべるは、この手でござる」

胃　「ヤアヤアその手は」

一同　「くわぬくわぬ」
手　「さても桑名の焼蛤《やきはまぐり》、拙者がこうして手で蛤を、もってこっちの手がのびて、つまんで口へ入れるの道理、
茶わんもつのは左の手、
はしをもつのは右の手だ、
茶漬かきこむ両手の協力。
手がのうてはどうしてたべる。茶わんに口を近づけて、がりがりがりと、たべる気か。皿の残りは舌出して、ペロリペロリとなめずばなるまい。それならまるで犬同然、たとえ美食をくらうともこの手がなくば犬大名だ。
犬だ犬だ犬大名だハハハハハ
言うてきかせばまだまだあるわ。みかんの皮むく手ざわりやまんじゅうつまむ楽しさや。つまみぐいなら誰にも負けぬ。なんとそうではござらぬか」
目　「いやたべるは第一目でござります」
耳　「耳でありつるぞ」
鼻　「鼻だ」
口　「口じゃ」
胃　「胃じゃ」

手　「手だ」

一同　「耳、目、鼻……でござる」

心　「しずまられよ、しずまられよ、きけば一々もっともしごく。誰が善いとも悪いとも申されぬ。みな、それぞれに大事の役目。さはさりながら、ああうまそうなと食欲を、おこさせるのはこの心、ああよい匂いよと、鼻がかいでも、それをうけとるはこの心、口で味わうことあっても、甘い、酸い、うまいと思うもこの心。手が茶わんもつ箸をもつ、もとうと思わすはこの心。胃が消化した、腹がへったと、催促するさえこの心。心が楽しみたべぬ限り、どんな美食も身につかぬ。たとえ、山海の珍味たりとも、この心が失恋の涙にくれてある時は、手もたべものにのび申さぬ。口もひらかぬ、ひらいたとて、胸がいっぱいで通さぬたとえ。いやいや、この身ばかりがえらいと申さぬ。みなそれぞれに大事の役目。たとえこの中どれ一つが欠けてもならぬ食道楽。みんなで手柄あらそいは、ふっつりやめて、仲よう一致協力はなにより大事のことでござるわ」

耳　「いかにも、そのとおりじゃ」

一同　「いかにもいかにも、もっとも、さようさよう……」

心　〽さてもめでたやながいきの、
　薬にまさる食養生、

魚はいきのよいものを、
野菜は新鮮この上なし、
名物もよや
（と、ここで各地の名産をうたいあげつつ）
めでたしやめでたしや
つるは千年、かめは万年
万歳楽を舞い出でん、
生けるしるしありこの国の
栄ゆる御代に逢うぞうれしき〃

大名「うーむうーむ
やあ、ようねむってござる、なにやらしらねど、べちゃべちゃとやかましうさわいでいたが、はて、ゆめかうつつか、うーむうーむ、五体にみなぎるこの力、どれ、しゃしゃ孫めと、うでずもうなとして来よう。わっしい、わっしい、わっしい（と足ふみならしつつあゆみ去らんとして）」

——幕——

注（この一文は、私の許にしばしば来訪、日常坐臥に接している一ファンが、私の気ままな言を能狂言に仕立てたものである。）

味覚論語

食器は料理のキモノ
――私はどうして陶磁器ならびに漆器などを作るようになったか――

皆さま大方はご存じのことと思いますが、私は料理を始めてから、ここにこうして窯《かま》を築き、陶磁ならびに漆器《しっき》類をみずから作っています。

なぜ私がこうして陶磁製作に熱中して、みずから手を下すことにしているか、傍から御覧になると、甚だ物好き過ぎるように思われましょうが、本人の私は、これが当然であると思っているのでありまして、今日はお土産《みやげ》話に、その理由を一言申し上げてみたい。

いずれも料理道の専門家であり、大家でおられる皆さまを前にして、料理の話をいたしますのはいささか失礼になりますが、しばらく御宥免《おゆるし》を願いたいと思います。

仮りに私が申してみますれば、料理も刺身なら刺身で、庖丁《ほうちょう》の冴えとか、取り合せのツマの色、あるいは形、そういうものを大切に注意しますが、それはどういうことかと言えば、そうすることによって料理に美しい感じを与え、全体としてみれば、料理がそれによってうまくなるからに他なりません。

こういうふうに、料理において尊ぶ美感というものは、絵とか、建築とか、天然の美というものと全く同じでありまして、美術の美というも、料理上の美というも、その元は一つで同じ内容のものであります。

そこで料理そのものを美化すると同時に、皆さまが毎日注意しておられる、料理を盛る器も、あれこれと色々に苦心が払われているのです。料理を問題とする人は、勢い食器をも同等に問題とする。これが当然の成行《なりゆき》であります。

というのは、私の見るところでは今日一つとして見るべき食器が生れていない。それというのも、料理業者及び料理人の食器に対する関心が不足しているからで、よい食器が生れて来ないのであります。料理業者とか料理人こそは料理をやる人であり、従って食器を預かる人ですから、こういう人が食器に対する関心を高めるなら、いやでもよい食器が生れてくるでしょう。「俺の料理はこういう食器に盛りたい、こんな食器ではせっかくの俺の料理が死んでしまう」と、昔の茶料理のようになってこそ、始めて、よい食器が注意され、おのずとよい食器が生れて来る。食器を作る人が、それに応じて高い美意識から立派な食器を作らねばならぬようになる。

こういう次第で、よい食器の出現を計ろうと思えば、料理業者や料理人が製陶業者を率いるのでなければならない。結局、食器を使う業者の無関心ということが、今日、料理上食器の不振を来たし、よい食器皆無の因をなしているのであります。

一方、たまたまある食器名器というものは、いずれも故人の作ったもので、今日ではそういうものは一個の美術品として、骨董品になってしまっている。そこで料理を根本的に進め、本格的なお膳立てをしようと思えば、どうしても、それらの骨董品でも使用するか、然らずんば、みずから雅陶をつくるより他はないというのが現況であります。

あえて、私が製陶にたずさわった動機であります。さて、いよいよ自分から陶器を手がけるとなると、いくらなんでも出鱈目ではよい食器はできない。まず直ぐ気のつくことは、故人の名作について学ばねばならぬ。たとえそれがキズものであっても、名の通ったものには実に学ぶべきものが多い。それがため、私は勢いそうした故人の作品をできるだけ手許に置いて、みずから製陶の手本とし、参考としなければならなかったのであります。朝鮮、中国に渡って、往古の陶磁研究を試みたのも皆そのためであります。それがつもりつもって、ついにこのような参考館までつくったようなわけでありまして、そういう意味で、私の蒐集《しゅうしゅう》は、一般の蒐集とは異なり、いずれも直接製陶のための参考であり、直接料理道のためのものであります。

さて、これは陶器に限らず、絵でも字でもまた料理でも同じことでありますが、例えば庖丁をもって魚を切る、するとその切った線一つで、料理が生きもし、死にもする。気のきいた人がやると、気の利いた線が庖丁の跡に現われ、俗物がやると俗悪な線が残る。これは単に、刺身庖丁が切れるとか、切れないとかいうことでもなければ、腕がよいとか悪いとかいうのでもありません。それは、その「人」の問題であります。要するに上品な人がやれば、上品な線になり、上品な姿を現わします。

書などでは、これがことにはっきり判るものでありますが、料理でも同様であります。私などそれで非常に苦しみます。自分が本格に修養していないと、いくら職人的に熟達したところで、本格のものは出来ないからであります。

これを要するに、書でも絵でも陶器でも料理でも、結局そこに出現するものは作者の姿であり、善かれ悪しかれ、自分というものが出るのであります。一度このことに思い至ると、例えばどんなことでも、他人任せということはできなくなります。全く本当のことが判って来ると、恐ろしくて与太はできないのであります。

そこで、私はこの窯場では、少なくも自分の名のつく作は、何から何まで自分でやっているのであります。御覧の通りあの大窯で一度焼くには、なかなか多くの仕事をしなければなりません。先刻御覧の陶磁はすべて私の作ったものであります。世間では、私は非常に怠け者のようにいわれていますが、こういうふうに仕事をしておりますから、決して怠け者ではございません。

余談はさて置き、これも結局は料理道に目覚め、ものをうまく食うためにほかなりません。

単に食うというだけであったら、太古のように木の葉の上に載せてもよいのでありますが、それをより以上に持って行くためには、容器を選ぶ必要がおこります。食器と料理は、どこまで行っても、離れることのできない密接な関係にあります。この両者は夫婦のような関係にあると言えましょう。事実、古来幾多の範が示されて、今にその例が残っています。

一生連れ添う女房が、どこの馬の骨でも牛の尻っぽでもよい、何でも有るもので間に合わすというのでは、向上がなく、百年不作をまぬがれないでしょう。

そこで、料理をやる人は、食器を勉強しなければいけないこの点を、私は特に強調したいのであります。なお理想を言えば、食器から進んで書画も建築も知ることが必要であります。そうしてこそ、始めて日本料理が本格になって来るのであります。

現に瓢亭《ひょうてい》にせよ、わらじやにせよ、八百膳《やおぜん》にせよ、後世まで名をなした料理屋はみな祖先の所業がそうであります。だから、今もなお瓢亭のように、昔流儀でやると、何か感じがいいのであります。

これらの祖先が、いずれも分別を弁《わきま》え、識見の高い人々であったがために、子孫までちゃんとその看板で、飯を食うことができるのであります。

仮りに子孫の腕や注意力がにぶって来たとしても、看板を削ることによって、飯が食っていけます。

もっとも、祖先の看板ばかり削って食っていたのでは、たとえどんなに厚い看板でも、だんだん削り取られて薄くなってしまいますから、そう長く生きるわけにはいきませんが、ともかく、後世まで名をなすような祖先を持った料理屋は長くその徳に預ります。

一口に中国料理は世界一といいますが、中国料理が進んでいたのは明《みん》代であって、今日ではない。それはどうしてかというと、中国の食器は、明代の食器が一番美的に優れているからです。食器が優れていたというのは、とりも直さず、料理が進んでいた証拠でありましょう。しかるに、清代になるとだんだん退化して味が悪くなっている。従って、料理も退化してしまったのであります。

こういうふうに、長い目でみると、食器の悪いのは料理の悪いことであり、食器のよい時代は料理の進んでいた証拠と見られます。だから、私たち料理をつくる者が、本当によい料理を作るには、どうしてもよい食器美術を必要とするわけで、業者は陶器作家を鞭撻《べんたつ》し、教育して、どんどん美しい食器を作らせるようにしたいと思います。

今日、一般の料理人の風潮をみますと、少し魚でも作れるようになると、直ぐ一人前の料理人になったつもりで、もう他のことをかえりみる暇もないように見受けられます。真剣に料理道を考えますわれわれは、これではならないと切に感ずる次第であります。また、これを何とか向上させて行きたいというのが、私の宿願でもあります。

以上、大変大ざっぱな話をいたしましたが、このことは何も立派な、高級な料理屋などに限ったことではなく、おでん屋ならおでん屋なりに、やはり面白く有意義にやれるのであって、玄関一つ体裁造るにも、水一つ撒《ま》くにも同じ精神でなければならないと思うのであります。

注（この原稿は、昭和十年十月一日、東京一流の料理業者多数を、星岡窯《せいこうよう》参考館に招いて講演した際の要旨を筆記したものである。）

残肴の処理

星岡時代、残肴《ざんこう》を見て感あり、料理人一同に留意を促す所以を述べたことがある。料理を出して、お客のところから残ってきたものを、他ではどんなふうに始末しているか私は知らない。私ならその残肴を、お客が全然手をつけなかったもの、つけてもまだたくさん残っているもの、刺身は刺身、焼魚は焼魚というふうに整理して区分けし、これを生かすことを考える。こういうことは、以前からしばしばみんなに話はしたものの、億劫《おっくう》がって実現されたためしがなかった。

昔の料理人というのは、安っぽい人間が実に多くて、残肴の処理などといえば、いかにもケチな話のように聞き、真剣には耳を貸さないようであった。

米一粒でさえ用を完《まっと》うしないで、捨て去ってしまうのはもったいない。雀にやるとか、魚にやるとか、糊をこしらえるとか、工夫するのも料理人の心掛くべきことだと思う。こんなことをいうのは、人間が古いと感ずるらしい。一椀《わん》の飯でも意味なく捨て去ってしまうことは許されない。用あるものは、ことごとくその用を使い果たすところに、天命があるのだと思う。

昨夜も遅くまで来客があった。当然残肴が出たわけだが、今朝ひょいと芥溜《ごみため》をのぞくと、堀川牛蒡《ほりかわごぼう》その他がそっくりそのまま捨ててある。せっかく苦心してこしらえた高級野菜である。たいていの魚よりはよほど珍しく、珍重に価いする京都牛蒡が捨て去られてしまっている。女中に注意深い者でもいれば、こんなことはしなかったであろうに。料理人たるもの、いかに若いとはいえ、このようなことに無頓着であってはならない。

堀川牛蒡というものは、茶味があり雅味がある。その上、口の中にカスが残らないという特徴をもっている。見掛けが素人好みの美しさでないために、お客によっては、どんなにうまいものか知らないで、手をつけない場合もあろう。一たん客席に出されたものとは言い条、まるきり手をつけないまんま捨て去ったりしないで、後から賞味するくらいの道楽気があってほしいものだ。

残肴には見るに忍びないほど傷められてくるものもあるが、多数の来客のある忙しい日になると、全然手のつかないものも多くなってくる。

もし料理人に心があったら、たとえ牛蒡の一片にしても、うまく処理して、全く別の珍味として、食べることを考えるべきだろう。残らず捨て去ってしまったり、珍味だということをなんにも知らない輩に、むしゃむしゃ食べさせてしまうのはもったいない限りである。甘鯛の骨一つにしても、犬にやるとか、残飯を干飯にするとか、方法はいくらもあろう。

料理人はせっかく手掛けたものが十分食べられなかったり、手がつけられなかったりした場合は、もう一ぺんこれを生かして、自分達の味覚研究として、試食するくらいの気転がなくてはならない。経済的にいっても、もとよりの話であるが、料理人は料理で身すぎをする人間だ。いい材料を使って、手塩にかけたものが客の腹加減から用を足さないで戻ってきた場合、またもう一度これを生かす工夫に心して、自分たちの同僚のものので、試食研修してみるくらいの興味を持たなくては失格である。料理人は料理で僅少な金を得る生活よりも、ひたすら料理に興味を持ち続けることの方が幸福ではなかろうか。

繁忙の時でなければ残肴の姿は見えない。残肴が姿を出すような忙しい時は、料理人は疲労した上、残肴の整理など大変だと事務的に考えがちのものだが、生かさずにはおれないという生一本《きいっぽん》の性根がほしい。好きの道だからこそ、ここが大切なのだ。心の底から料理が好きという人間なら、これくらいのことは良識、良心の両杖で実行できるものである。

残肴の活用は私のいささか得意とするところであるためだろう、くどくどというが、諸君の中には家庭をもった人もいる。残肴の揚げもの沙魚《はぜ》二、三片でもいい、家に持って帰れば、家族がどんなに喜ぶか知れない。甘鯛の大きな照焼《てりやき》の残ったものなど、菜っ葉や豆腐と一緒に煮て食べるといったように、一家を楽園にする道もある。

なるほどと得心がゆけば、常に残肴の係などの責任者をつくり、真剣に与えられた材料をなんとか生かして欲しい。ものの働きがあるうちは十分働かせ、その効用をせいぜい能率的にこの世に残してゆく。料理人に限らず、このことは人生に処する人間の心掛けでなくてはならないと思う。また、こういうところから、料理の発明も発見も生ずるのである。

美味論語

――まずいものはなんとしてもうまくならぬ――

「まずいものを、なんとかしてうまく食う方法を教えてくれ」という注文が時々来るが、まずいものをうまくする……そんな秘法は絶対にない。魔術もなかろう。まずい米は所《しょ》詮《せん》まずい。肉も魚類も菜も皆同様であって、一歩も動くものではない。しかし、うまそうにゴマ化す手はある。それは偽りの美味であって、本来の美味ではない。インチキで小児を騙す手はある、こう答えるよりほかはない。

料理する者なら工夫がありそうにも考えられるのであるが、実は全く不可能という他ないであろう。「まずいものをうまくする」ことは、どんな料理の名人といえども、なし得るものではない。

無理に工夫すれば、冗費《じょうひ》と無駄手間をついやし、労多くして功少なしに終るまでである。

元来料理というものの効果は、大部分が食品材料の質の価値であって、料理人の功績によるものは、一か、二か、三くらいのものである。本質の持味、これは善かれ悪しかれ人間力ではできるものではない。例えば、まずい牛肉で、うまい洋食を作らんとしてもでき得ないのと同様に、まずい大根をうまい大根にしてみようといっても、それはできない。しかし、この簡単な事実が、存外世間では知られていない。怪しい世間もあるからである。これは料理人の根本心得として、知るべきだから、是非とも聞いて貰いたい。

固い牛肉を柔かくすることや、固い蛸《たこ》を柔かくすることはできる。だがそうすることによって、味がうまくなるとは限らない。うまいものは本質的にうまく、まずいものはどこまでもまずい。料理人は商売上、幼稚な人をごま化すだけであって、まずいものをうまそうに見せかけたり、悪質のものを良質に見せかけたりする悪知恵はあるが、本質をかえることはできない相談なのである。

何事においても、このようなことはあるものだが、根本的な問題は何としても知っておく必要がある。同じ大根でも「あの料理人が煮るとうまい」という話を聞くが、その場合は、もともとうまい大根なのであって、そのうまさは料理人が作ったのでは決してない。良質であって、どうもしなくてもうまいものを、料理人の無法によって、まずくすることはいくらもある。しかし、まずいものをうまい本質にかえてしまうことは神様だってできないだろう。故にどうしても、これだけのことは心得ていてほしいものである。でないと、良質材料の選択に一生不自由を重ねなければならんからである。否、良質、悪質に頓着しなくなるおそれがあるからでもある。

鮟鱇一夕話

獅子文六氏との対談で、熱海のＦ女史は「アメリカのパン、あんなもの問題じゃない。

金魚の餌でしょう」とタンカを切っておられたが、その味覚識見はさすが見上げたものだ。そうはっきりいってのけられるだけのパン食通は、ざらにあるものではない。「うちの親爺（夫君のこと）は玉ねぎや肉の一杯はいっているオムレツが大好きなのよ」と田舎者扱いするところなど、女史もなかなか隅に置けないお人だ。

ところで、この私は、幼年時代から七十年の長期に渉《わた》って、日本料理を研究し続けているので、普通人とは少しばかり違うなにかを持っている。さて、そのうぬぼれで女史の日本料理観を随筆から探ると、まるっきり外人の日本料理観としか受け取れない。憶えざかりを十三年、日本を留守にした人のことであるから無理もないが、それにしても経験の浅さが、なに恐れるところなく筆を走らせているかのようだ。元来日本のことは何事によらずむずかしいことであるが、とりわけ美術と料理はむずかしく、位人臣《くらい》を極めたとて、美術と料理は分りにくいようである。その難問題をいとも簡単に勘所を摑んで説き起し、説き去られるということは女史の聡明さを証明するものであろう。欲をいえば、今少し急がず落着き払って経験を積まれたら、味覚界で末恐ろしい人になるのではないかと思っている。だが、熱海での鰐《わに》の話のようなものは、猿も樹から落ちるたとえのようにF女史の計らざりし不覚であろう。

女史がKさんというワニ屋からもらったという偽鮟鱇《にせあんこう》の件は全く外人的で、鮟鱇に対する彼女の無知、無経験が生んだナンセンス。おかしくておかしくて、その無邪気さに一時笑いがとまらなかった。

偽鮟鱇を贈ったKさんは、もとよりワニのつもりで女史の不在中に置いて行ったらしい。Kさんは鰐の死肉だけを一片持って、相手をたぶらかさんものとなめてかかり、彼女も一応ひっかかってしまったのであるからおもしろい。「その人を知らんと欲せば、まずその友を見よ」というところである。

ワニは知らないが、もともと鮟鱇という魚は、鍋料理にするとすてきにうまい魚である。脂肪、ゼラチンに富んでいて、なかなかにしゃれた食物である。ざらにある魚でありながら、鍋料理中もっとも乙なものとされ、高級層にも下級層にも賞味されている。しかも、それが骨以外捨てどころのないという魚で、肉を除いてはことごとくうまいところだらけである。この点、珍しく雅俗混合《がぞくこんごう》の趣味を有し、味にも、見た目にも、ユーモアたっぷりで、親しめることおびただしい。

ところで、問題の白色なる鮟鱇の肉、食って食えないこともない故に、殊更《ことさら》に捨てられもせず食用に供されてはいるものの、とびついて食うほどの者はいない。いわんや肉だけを好んで食う者など一人もあるまい。私の経験からいえば、魚屋に前もって「肉はいらないよ」と断っているくらいだ。その代り、他の部分は全部所望する。他の部分とは、吊し切りにした皮、鰭《ひれ》、臓物《ぞうもつ》、とりわけ肝である。というわけで、肉が食いたくて鮟鱇を買う者はまずないであろう。Kさんが鰐の肉塊を鮟鱇と称して贈ったかどうか知らないが、この話はてんで問題にならないのだ。

鮟鱇として家中の者に与えるなど、いよいよ問題にならない。一見して変だとは疑いながらも、庖丁したというところが、いささか外人的である。彼女が鮟鱇料理に少しでも知識を持っていれば、いきなりKさんに電話して「馬鹿」の一喝を食わしたはずである。「皮はどうした、肝は、鰭は、臓物は」とたたみかけて問いかけるに違いない。「Kさん、あんたは馬鹿だよ。鮟鱇の肉なんか、鮟鱇食いは昔から食わないと決っていますよ」と叱りつけるところだろう。

さて鮟鱇かな……などと思ってみる余地はないはずだ。済んだことは仕方がない。それよりは身近かな日本料理、先ずそれを知ってほしい。お気に入ること請合いだ。手初めに僕が鮟鱇料理をして、御賞味願いましょうか。冬がいささか待遠しいけれど。

家庭料理の話

世間の人は、自分の身近かにある有価値なうまいものを利用することに、無頓着のようだ。

出盛《でさか》りのさんまより場違いの鯛を御馳走と思い込む卑《いや》しい陋習《ろうしゅう》から抜けきらないところに原因があるようだ。

「腐っても鯛」などという言葉は、うかうか聞いていると、諺《ことわざ》としてはちょっと面白いが、料理の方では大変な邪魔となって害がある。

また料理人の作ったものなら、なんでも結構なお料理だなどと、軽卒に考えるのも大変な考えなしであることを、私は特にいい添えておきたい。

なんとなれば、料理人は食道楽家ではない。皆が皆名人でもない。好き好んでやっているのでもない。味覚の天才というのも職人にはないようだ。私は多数の料理職人を注意して見て来たが、なんでもない人が多い。だから、料理道という「道」とのかかわりはない。すべて出鱈目だ。思いつきがあっても、低調で話にならない。正しい責任を持たない。鋭い五官などは働いていない。

第一、料理道楽、食道楽に金を使って知ったという経験を持たない。従って、床柱を背に大尽《だいじん》振《ぶ》った食道楽がない。美食に非ずんば口にしないというような見識を備えていない。

これでは道理にかなった料理はできないのが当然である。一家の主人も主婦もこの点、くれぐれも心して、料理職人を買い被り過ぎてはいけない。

職業料理人のみにたより過ぎては、料理の発達は見られない。みずからの見識をもって、世の嘲笑を買わないまでに料理道に目覚め、各人各様の栄養食を深く考え、食によって真の健康をかち得てもらいたい。

嘗《か》って畏友大村医博の話に、大倉喜八郎《おおくらきはちろう》氏の家に料理することの非常にうまい老女中がいて、御当人もなかなか御自慢で、出入りの来客にも評判がいいということだった。物好きな私は、一体どんな天才か、一つテストして見ようと思い、大村君を介して一度御馳走になったことがあった。

ところが、失望させられたのである。なんでもない料理屋のする料理であったからだ。鯛の生き作りだとか、その他様々な形式のものが出たが、それは要するに皆お出入りの料理屋から学んだままの料理であった。

それなら、どうしてそんなに評判になったかといえば、大倉さんとしての自慢もあろう、大倉さんへのお世辞もあろう、素人にして玄人の真似ができるというだけを感心しての話なのであった。

これだけのことは自分の家内ではできない、女中ならなおさらできない、料理屋と同じじゃないか、と、この程度のお世辞がその老女中の名を高からしめ、その料理はうまいということに下馬評として決められたのである。

なるほど、素人にはできないことをやるから、ちょっと考えると料理が上手だというふうに考えられる。しかし、その程度で世人が満足して、それ以上料理を考えてみないとあっては、いつまでたっても、料理道に目が覚めないであろう。

大倉氏の自慢料理、そんな料理は一流どころの料理屋の板場に五年もいる料理人なら大概できる料理であって、虚飾に終始した、なんでもないものである。

仔細に観察するならば、別にその老女中に一隻眼《いっせきがん》があっての仕事ではなく、元よりその料理が真実の賞賛に価するというものでもなかったのである。

素人のお婆さんというところに、ハンディキャップがついているのだ。重複するようだが、大倉さんはいわゆる自称美食家であろうから、常々自分の家に各所の料理人を呼んでは料理を作らせたのであろう。それを見様見真似でそのお婆さんが、いつか覚えてしまったというに過ぎない。

この話は、わけもなく毒舌に聞えるかも知れないが、ここでいっておきたいのは、以上のような料理の真似は、華やかな宴会料理としては、一役買うものではあろうが、日常の家庭料理には関係が薄く、のみならず、そこからかえって百害を生みつつあるとも見られるのである。

宴会的な飾る食物ではなく、身につく食事、薄っぺらなこしらえものではなく、魂のこもった料理、人間一心の親切から成る料理、人間を作る料理でなければならないと思うのである。

料理も芸術である、と私がいい続けている理由も、実はここに存するのである。

良寛様が料理人の作った料理、書家の書、歌詠みの歌はいけないといっておられるが、料理人が自分の庖丁のさえを忘れて料理を作るのも、書家が色を忘れて、ただ墨一色で書くのも帰するところは一つである。すべて人間の価値がそこににじみ出て来るのである。要は人間だということになる。

更に語を変えていえば、日常料理は常に自分の身辺から新しい材料を選び、こみあげて来る真心で作らなければならない。

この点、何事もそうであるが、例えば、近頃市場に盛んに出廻っている南氷洋の鯨《くじら》のベーコンなども、物慣れない人々によって、やれ臭いとか、まずいとかいって毛嫌いされているが、私など昔から鯨の美味を知ってるので、好んでこれを入れた味噌汁を毎日賞味して飽きることを知らないくらいだ。しかも百匁六十円見当という類のない安さである。安くてうまい。近頃こんな結構なことはないではないか。

要するに、材料の処理方法、料理の仕方を知らないから、宝の山に入りながらという次第で、大変な損失である。

これも日常食に対する教養の足りなさに由来するものといえよう。

食通閑談

鮎の試食時代

鮎《あゆ》がうまいという話は、味覚にあこがれを持ちながら、自由に食うことの出来ない貧乏書生などにとっては、絶えざる憧憬《しょうけい》の的である。私も青年の頃、御多分に洩《も》れず、鮎を心ゆくまで食いたいと夢にまでみた時代があった。

この夢を実現したのは二十四、五歳のころであったろうか。もちろんそれまでに鮎を全く口にしなかったわけではない。だが、鮎通の喜ぶ上等の鮎によって、鮎の美味をテストするという意気込みで食ったのは、その時が初めてであった。私は日光の大谷川《だいやがわ》の鮎をねらっていた。恐らく大谷川の鮎がうまいということをいつとはなしに聞いていたのだろう。わざわざ日光までなけなしの金を懐《ふところ》にして出掛けて行ったのである。

その時の価がなんでも一尾五、六十銭ぐらいであったと記憶している。それを二尾ばかり食ってみた。鮎は新鮮だし、色艶もよく、容姿も優れていて確かに一等級のものであったらしい。が、この時の偽らざる感じを言えば、うまいうまいと人は言うが、なんだってこんなものが本当にそんなに美味なのかしら、というのが本音で、当時青年の私の味覚にはどうしてもしっくり得心がいかなかった。そうしてこの時以来、鮎の味はいよいよ真剣な宿題として残されたのである。

その後しばらくしてうまいと思って食ったのは、京都の保津川《ほづがわ》のほとりにおいてであった。洛西嵐山《らくさいあらしやま》の渡月橋《とげつきよう》を渡って、山の裾《すそ》を七八丁登ると、そこに嵐山温泉というのがある。ここで食った鮎こそはなるほどと得心がいった。全くうまいと思って食った。いつのころかはっきり憶えぬが、なんでも好況時代の絶頂に達したころでもあったろうか。ここの鮎は一尾五円を通常の値段としていたそうだ。

織物で京都屈指の名家たる今出川《いまでがわ》堀川の北川の主人某が、かつて私に向い、「京都で鮎を食えば、先ず通常は二円で立派なものが食えますね。ところが、嵐山へ行って食うと一尾五円は出さなあきまへん。京都広しと言えども、五円の鮎を嵐山まで食いに出かけるものは、京都人にもまずおまへんやろ」と、いうのである。

そうした御自慢を聞かされた私も、当時まだそういうふうに自由に食欲を満たすだけの財力を持たなかったから、うまいには相違ないと羨望しながらも、得心のゆくまで食う訳にはゆかなかった。ただ徒らに憧れるだけだった。

ところが、三十歳ぐらいのころ、京都に帰省した時、ようやく宿願を達成することができた。鮎を食うくらいはなんとか都合がついたからであり、かつまた、内貴清兵衛《ないきせいべえ》という先輩の御馳走も度々あって、何十回となく各所を食い歩くことができたおかげであった。時には一日に二度も三度も吟味してみた。

京都では、宇治の菊屋とか、山端《やまばな》の平八とか、嵯峨《さが》の三軒茶屋など、鮎を生かしておいて食わせる店が諸所にあった。そうしたところを片っ端から食い歩いて、どうやら鮎の味が心底から舌に乗ってきた。

鮎の名所

鮎をうまく食うには、鮎の成長と鮮度が大いに関係する。京阪や東京でいうと、七月がよい。地方によっては、早い遅いがある。子を持つ前の最大なのがよい。子を持ってからは二番目と言ってよい。見た目に見事なのを喜ぶ者もあるが、これは素人の話、東京でも盛んに鮎を賞味するので、河岸には日本全国からイヤというほど送られて来るが、東京で鮎をうまく食おうとするのは土台無理な話で、かれこれ言うのがおかしい。鮎の味は渓流激瀬《げきらい》で育った逸物を、なるべく早目に食うのでなければ問題にならない。岐阜の鮎も有名ながら、私の口には鮎中の最高とは言えず、いわんや東京ではなおさら駄目と知らなければならない。

京都保津川のもよいが、これは土地で生きていてこそ一番である。東京で鮎をうまく食うなどというのは断念した方がよい。多摩川《たまがわ》にもいることはいるが、川が適しないためか、さっぱり駄目だ。かつて多摩川の鮎でうまいのを口にしたことがない。鮎のよしあしは気候や川の瀬が大いに関係する。日光の大谷川あたりのはちょいとうまいが、これとてもその場で食わなければ駄目だ。東京へ持って来たのでは台なしで自慢にはならない。私は東京でうまい鮎を食う欲望を昔から捨てている。

鮎のいいのは丹波《たんば》の和知川《わちがわ》が一番で、これは嵐山の保津川の上流、亀岡《かめおか》の分水嶺を北の方へ落ちて行く瀬の急激な流れで、姿もよく、身もしまり、香りもよい。今のところここ以上のを食ったことがない。和知川ものを活《い》かして京阪に運び、その日のうちに食えばうまいが、二三日経っては脂が抜けてしまう。生きていても、焼いてみるとハラワタなしで、トンネル風に空洞を作っている。ハラワタというのは、ほとんど脂でできているると見え、三日も生簀《いけす》におれば、ほとんど脂は抜けてしまう。最も賞味すべきハラワタが抜けてしまっていては価値がない。

鮎は土地土地で自慢するが、それは獲りたてを口に入れるからで、結局地元が一番うまい。すべて小形なほどよい。

岐阜人もなかなか自慢らしいが、瀬が激しくないとみえて身がしまらず、ブヨブヨしていて一流品とは言い難い。瀬が激しければ肉がしまるらしい。岐阜は鵜飼《うか》いで有名だが、料理して食わす段では、はなはだ心もとない。将来は生きのいいところを、鵜匠がその場で見物客に食わす考えを持つべきである。そうすれば、岐阜人にも鮎を語る資格ができるというものだ。地方人がおのおの自分の土地の、鮎がいいとか、松茸がいいとか、筍《たけのこ》がいいとか、我田引水を絶叫するのは、要するにその土地にいて、その土地の新鮮なものを口にするからうまいのであって、遠くから来たものを食っては、うまかろうはずがない。大抵土地の人が、めいめい自分の土地のものに限るというのはこの理由によるのである。

しかし、地方人は都会人のように、さまざまのものを体験していないから、勢い我田引水におちいる。鮎にしても、松茸にしても、いろいろと経験してこれがいいということにならないと、ものの真価をつかむことはできないものだ。井の中の蛙で世界はこれだけだと思うようでは、いつまでたっても、ものの真価はつかめないのである。

例をあげると、土佐の鰹のたたきなどは、もっとも世間的に有名なものとして人々の耳にはいっているが、実際はたいしたことはない。なぜかといえば、土佐という海に面した国は料理が発達していないし、ぜいたくを知らない人が多いからである。このため土地の人には鰹のたたきが、実に天にも地にもかけがえのないほど、うまく感じられるのである。

以上のように、何事も視野が狭いとこんなことになってしまう。それを都会の半可通がめくら判をおして、土佐の鰹のたたきとしきりに鉦《かね》や太鼓を叩きたがるから始末に困る。実際はそれほどうまくもないし、やり方は我々からみるとむしろ食いにくいものにしていると言うほかない。結局、井の中の蛙何を言うかというオチが出てくる。

若鮎について

鮎の小さなものは、どうかするとうまくないという人もあるが、私は一概にそうは思わない。

小田原《おだわら》の手前に酒匂川《さかわがわ》という川がある。まだ禁漁中にあの近辺の人が酒匂川の鮎をよく盗み取りをするが、私はそれをもらうことがあって、度々食ったことがある。大きさはまだやっと一寸ぐらいのものだが、ちょっとあぶって食うと、実に調子の高いうまさが舌になじむ。

もっとも、最初東京にはいってくるものは、江州《ごうしゅう》地方でいわゆる鮎の飴煮《あめに》にするものであって、これは余り美味なものではない。鮎は不思議な魚で、水勢のないところでは大きくならない。また同じ水勢であっても、水質や餌の関係であろうか、川によって成長率が違う。一般に大きな川の鮎は大きくなり、小さい川のものは小さく育つようである。

琵琶湖の鮎は非常に小さく、一年経っても若鮎以上に大きくならない。大きくならないで一人前に子を持っている。昔は琵琶湖の鮎は他の鮎とは全く種類が違うかと思われたが、その実、琵琶湖で生れた子鮎が江州から石山などを通って宇治川へ落ちて出ると、立派に成長するらしい。それかあらぬか、琵琶湖で孵化《ふか》した鮎の稚魚を地方の渓流へ放流すると、通常の鮎の通り立派に成長することが分って、近来は諸所で盛んに放魚が行われているようだ。

琵琶湖では、鮎の稚魚を茹でてヒウオと呼んでいる。このヒウオの大ぶりなのが飴煮にされて来るもので、琵琶湖には殆んど無限といってよいほど発生する。それがこの頃では諸地方の大川へどしどし放流され、鮎の産出を全国的に増加させている。この点、鮎党にとってはまことにありがたいことである。

ところで、前述の琵琶湖産のヒウオなるものはなんと言っても小さすぎるから、みた目の割合にうまくない。しかし、このヒウオも川に出て成長してからは一人前の鮎の味を備え、やはりうまい。そこで、先の酒匂川の若鮎のことなども合せて考えてみると、若鮎なるものは結局琵琶湖のヒウオでは鮎らしいうまさはないが、初めから河川で発生したものは一寸ぐらいでも、すでに立派な美食価値を持っている。いわば、それぞれの川の味をもっているのだ。

鮎ははらわた

鮎のうまいのは大きさからいうと、一寸五分ぐらいから四、五寸ぐらいまでのものである。それ以上大きく育ったものは、第一香気が失われ、大味でまずい。卵を持ち始めると、その方へ精分を取られるためか、香気を失うばかりでなく、肉が粗野《そや》になり、すべてに下品になる。

鮎のどの部分が一番うまいかと言えば、はらわたを持った部分である。もちろん新鮮でなくてはいけない。頭も特殊な味はあるが、四、五寸にもなると、ガブッと心よく骨ごと食うわけにはいかないから、まず食わない人が多い（もっとも、食通は頭から食いつき、味わった後、カスを吐き出すが）。また尻尾の方、排泄口のある下の方はうまくもないから、鮎食いは問題にしない。そこで、頭と尻尾の部分を除いた中間部、そこがなんと言っても一番うまい。

鮎は背の上部、殊に頭に近いほど、多くの脂肪を持っている。そして、この脂肪の下側がはらわたで、脂肪とわたとの両者を備えたこの部分が、一番美味とする所なのだ。

もちろん、生きているかの如きものでないと最上とはいかぬが、しかし生かしてあったからと言って、必ずしもうまいとは言えぬ。鮎は年魚《ねんぎょ》と言われている通り、一年間にメダカの大きさから七、八寸にも育つ成長力の非常に旺盛な魚である。

それだけに、一日餌を食わないとゲッソリやせてしまう。餌のない水の中に、人工的に水勢を与えて活かして置いても、僅か一日か二日の間に自身の脂肪を消耗し尽して、脂肪分の多い肝心のはらわたはなくなってしまう。

私はかって、東京でこんな経験をした。

最高の食品のみを扱う日本橋山城屋《やましろや》主人自慢の生鮎《いきあゆ》を、頭からガブッと一口に食った。ところが、腹の中がポッカリ空洞になっている。オヤ、この鮎はどうしたんだ、わたがないぞ。わたのない鮎なんてあるはずがないから、てっきり皿の下にでも落したのかな、とあたりを見廻したが見当らない。それでは自分の口へでもすでに入ってしまったのかと、そのつもりで噛んでみたが、わたの味がない。てんで、わたらしいものは感じられない。それからいよいよ不思議になって、残りの一尾を今度は用心しいしい丁寧に試食してみたが、やはりわたがない。全くのガラン洞なのだ。

そこで初めて鮎のようなやつは、人工的に水道の水などで活かしておくと、はらわたまで殆んどなくなってしまうものだということを知った。

よくよく考えてみれば、これは不思議に思う方がどうかしているのだ。僅かな時に急激な成長を遂げる鮎であってみれば、餌のない水の中に、激しい水勢だけを与えられて泳ぎ廻っていたのでは、脂肪に富むはらわたを持続できるはずがないのである。

その点、なんと言っても自然の流れに生簀をこしらえ、そこに鮎を活かして置く料理屋へ行って、一日ぐらい生簀に飼われたものを、食うのを上等としなければならない。

この頃、東京でも活かして食わせる所もあるにはあるが、折角《せっかく》ながら、本当の鮎の味は味わえない。まあ活きていたものを東京の町中《まちなか》で食ったという単なる気分だけのものである。

鮎の食い方

いろいろな事情で、普通の家庭では、鮎をうまく食うように料理はできない。鮎はまず三、四寸ものを塩焼にして食うのが本手であろうが、生きた鮎や新鮮なものを、手に入れるということが家庭ではできがたい。地方ではところによりこれのできる家庭もあろうが、東京では絶対にできないと言ってよい。東京の状況がそうさせるのである。仮りに生きた鮎が手にはいるとしても、素人がこれを上手に串に刺して焼くということはできるものではない。

鮎と言えば、一般に水を切ればすぐ死んでしまうという印象を与えている。だから、非常にひよわな魚のように思われているが、その実、鮎は俎上にのせて頭をはねても、ぽんぽん躍り上るほど元気潑剌《はつらつ》たる魚だ。それればかりか、活きている中はぬらぬらしているから、これを摑んで串に刺すということだけでも、素人には容易に手際よくゆかない。ましてこれを体裁よく焼くのは生《なま》やさしいことではない。

もちろん、普通の家庭で用いているような、やわらかい炭ではうまく焼けない。尾鰭《おびれ》を焦《こが》して、真黒にしてしまうのなどは、折角の美しさを台なしにしてしまうものだ。言わば絶世の美人を見るに忍びない醜婦にしてしまうことで、余りに味気《あじけ》ない。

こういう訳で、家庭で鮎が焼けないということは少しも恥かしいことではない。見るからにうまそうに、しかも艶やかに、鮎の姿体を完全に焼き上げることは、鮎を味わおうとする者が、見た目で感激し、美味のほどを想像する第一印象の楽しみであるから、かなり重要な仕事と考えねばならぬ。だから、一流料理屋にたよる他はない。

一体、なんによらず、味の感覚と形の美とは切っても切れない関係にあるもので、鮎においてはことさらに形態美を大事にすることが大切だ。

鮎は容姿《ようし》端麗《たんれい》な魚だ。それでも産地によって多少の美醜がないでもない。

鮎は、容姿が美しく、光り輝いているものほど、味においても上等である。それだけに、焼き方の手際のよしあしは、鮎食いにとって決定的な要素をもっている。うまく食うには勢い産地に行き、一流どころで食う以外に手はない。一番理想的なのは、釣ったものをその場で焼いて食うことだろう。

鮎は塩焼にして食うのが一般的になっているが、上等の鮎を洗い作りにして食うことも非常な御馳走だ。

私がまだ子供で京都にいた頃のことであった。ある日、魚屋が鮎の頭と骨ばかりを沢山持って来た。鮎の身を取った残りのもの、つまり鮎のあらだ。小魚のあらなんていうのはおかしいが、なんといっても鮎であるから、それを焼いてだしにするとか、または焼豆腐やなにかと一緒に煮て食うとうまいには違いない。

それにしても、こんなに沢山あるとは一体どういうわけだろうと、子供心に不思議に思って聞いてみた。すると、魚屋の言うのには、京都の三井さんの注文で、鮎の洗いを作った、これはあらだという。

私はずいぶん贅沢なことをする人もいるものだなあと驚き、かつ感心した。

それ以来、鮎を洗いに作って食う法もあるということを覚えた。しかし、その後ずっと貧乏書生であった私には、そんな贅沢は許されず、食う機会がなかった。それでも、今からもう五十年も昔になるが、遂に私もこの洗いを思う存分賞味する機会を得た。加賀の山中温泉に逗留していた時のことである。

　山中温泉の町はずれに、蟋蟀橋《こおろぎばし》という床《ゆか》しい名前の橋があり、その橋のたもとに増喜《ますき》楼《ろう》という料理屋があった。鮎とか、ごりとか、いわなとか、そういった深山幽谷に産する魚類が常に活かしてあって、しかもそれが安かった。鄙《ひな》びた山の中の温泉には、ろくに食うものがないから、飯を食おうと思えば、どうしてもそこへ行くより他はなかった。

　そんなわけで、私はよく増喜楼へ人と一緒に食いに行った。そうした渓魚を食っているときに、ふと子供の頃知った鮎の洗いのことを思い出した。鮎も安かったからではあるが、早速鮎の洗いを作らして食ってみた。驚いた。とてもうまいのだ。なるほど、三井が賞味したわけだと合点した。

　うまいに任せて、その時はずいぶん洗いを食った。そうして人が訪ねて来るたびに、増喜楼へ案内して、洗いを作らせては御馳走した。ところが、習慣とは妙なもので、大概の人は、あっさり食わない。頭はどうしたとか、骨は捨てちゃったのかと心配する。当時、京都相場なら二円くらいもする鮎が、一尾三十銭ぐらいで始終食えたのだ。それが洗いにすると、一人前が一円以上につく。鮎をそんなふうにして食っては、なんとなく勿体《もったい》ないような、悪いような気がして、うまいとは知っても、勇気の出にくいものである。

　しかし、所を得れば、洗いは今でもやる。この鮎の洗いからヒントを得て、私はその後、いわなを洗いにして食うことを思いついた。

いわなは五、六寸ぐらいの大きさのを洗いにすると、鮎に劣らぬうまさを持っている。鮎はその他、岐阜の雑炊《ぞうすい》とか、加賀の葛《くず》の葉巻《はまき》とか、竹の筒に入れて焼いて食うのもあるが、どれも本格の塩焼のできない場合の方法であって、いわば原始的な食い方であり、いずれも優れた食い方ではあるが、必ずしも一番良い方法ではない。それをわざわざ東京で真似て喜んでいるものもあるが、そういう人は、鮎をトリックで食ういわゆる芝居食いに満足する輩ではなかろうか。

やはり鮎は、普通の塩焼にして、うっかり食うと火傷《やけど》するような熱い奴をガブッとやるのが香ばしくて最上である。

弦斎の鮎

毎年のことながら、春から夏、秋と昔からいう年魚の季節となる。

私の舌は、鮎を世間で騒ぐほどうまいものだとは思っていないが、なんとなし高貴な魅力があってうれしいものだ。川魚のうちでは鮎が有数の美味であること、それに優美な姿であることにもちろん異存はない。なんと言っても四月から当分の間、鮎が王座をしめる一つの理由は、この季節にはこれに匹敵するような気の利いたうまい魚が他にないからであろう。川魚にして生臭《なまぐさ》くないということも、鮎をして今日の高名をなさしめた第二の理由であろう。鮎の香気なども、今更言うだけかえってヤボなことであるが、やはりこの点も大いにあずかって力があろう。

鮎に限らず、美味の名を取った食物について、案外世人がその良否をわきまえず、従ってその本格的な食い方なども心得ていないという場合が多いように思われる。それも美味美食ということにさほど興味や関心を持たぬ人であるなら、とやかく言う筋合ではないが、美食家とか食通とかいわれて、著書など世間に堂々と発表している人々に、それが往々あるのだから、まったく心細い次第だ。

例えば、鮎について言うなら、『食道楽』の著者村井弦斎などの鮎話にはこんなミスがある。「東京人はきれい好きで贅沢だから、好んで鮎のはらわたを除き去ったものを食う」ここが問題なのだ。東京人がきれい好きだからわたを抜いて食うというのは大間違いであり、東京人がきれい好きというのは、この場合余計なことだ。

要するに、村井弦斎が東京人かどうか知らぬが、彼の鮎知らずを物語っている。はらわたを除き去った鮎などは、ただ鮎の名を冠《かん》しているだけのことで、肝心の香気や味を根本的に欠くので、もはや美味魚としての鮎の名声に価しないものである。

これはたまたま当時、急便運送不可能の都合上、東京にはらわたがついたままの鮎がはいり得なかったまでのことで、弦斎の味覚の幼稚さを暴露したものである。今日食道楽と言われている人の中にも、ずいぶんこの種の人がいる。彼らの著書をみれば一目瞭然である。一般的に言えば、彼らの著書の内容は、辞書の受売りや他人の書物のつぎはぎで、著者自身の舌から生み出された文章は全く稀である。

とは申しても、素人にはとんと見当のつかぬものが多い。中には、自分でろくに食ってもいない食品の味について、とやかく述べているのもある。かような書物を体験談として真《ま》に受け、その耳学問に傾聴する人があるかと思えば、また、いつかそのインチキを受け売りする人もある世の中だ。

インチキ鮎

前に村井弦斎のわた抜き鮎の愚を述べたが、鮎は名が立派だけに随分いかがわしいものを食わせるところがある。そうしたインチキ鮎のことを、少し述べよう。

東京ではむかし活きた鮎は食えなかった。活きた鮎どころか、はらわたを抜き取った鮎しか食えなかったので、解釈によっては、昔の東京人はインチキ鮎ばかり食っていたのだと言えないこともない。

　そこへ行くと、京都は地形的に恵まれているので、昔から料理屋という料理屋は、家ごとに鮎を活かして置いて食わせる習慣があった。料理屋ばかりでなく、魚屋が一般市民に売り歩く場合にも活きた鮎を売っていたくらいだ。

　私たちの子供の時分によく嵯峨桂川あたりから鮎を桶《おけ》に入れて、ちゃぷんちゃぷんと水を躍らせながらかついで売りに来たものである。このちゃぷんちゃぷんと水を躍らせるのに呼吸があって、それがうまくゆかぬと鮎はたちまち死んでしまう。これが鮎売りの特殊な技術になっていた。

　そんなわけで、私は鮎を汽車で京都から運ぶ際に担《にな》い桶をかついだまま汽車に乗り込ませ、車中でちゃぷんちゃぷんをやらせたものであった。もちろん駅々では水を替えさせたが、想い起してみると、随分えらい手間をかけて東京に運んできたものである。たかだか二十五六年前のことだが。

　しかし、いずれにしても、鮎をそういう工夫によって長く活かして置くわけにはゆかない。本当の生簀でも鮎を入れておくと、どうしても二割ぐらいは落ちるものが出てくる。これとても食えないことはないが、味がまずい。単にまずいばかりでなく、第一塩焼にしても艶がなく、見た目にも生き生きしていないから料理にならない。そこで料理屋はこれにたれをつけて照焼に仕上げるのである。まさかこればかりを客に出すわけにもいかないから、活鮎の塩焼と一緒にして「源平焼《げんぺいやき》でございます」などと言って出す。それを知らないで、中には自分の方から源平焼をくれなどと注文して料理屋を喜ばす半可通もないではなかった。

半可通と言えば、東京にはもっとひどい話があった。なんでも大正八、九年の好況時代のことだ。日本橋手前のある横丁に、大鮎で売り出した春日《かすが》という割烹店があった。これは多分に政策的な考えからやっていたことであるらしい。ところが、この鮎が非常に評判になった。一時は春日の鮎を食わなければ、鮎を語るに足りないくらいの剣幕であった。しかも会席十円とか十五円とか好況時代らしい高い金を取っていたのであるから、馬鹿な話だ。なにしろ世間の景気がよくて懐に金がある。そこへ持って来て、大鮎なるものが東京人士には珍しい。鮎の味のよしあしなどてんで無頓着な成金連だから、鮎の大きさが立派で、金が高いのも、彼らの心持にかえってぴったりするというようなわけで、自己暗示にかかった連中が、矢も楯《たて》もたまらず、なんでも春日の鮎を食わなければという次第で、この店は一時非常に栄えたものだ。

余りの評判だから遂にある日、私も出かけてみた。行ってみると、その鮎なるものが、まるで鯖《さば》みたいな途方もない大きな奴で、到底食われた代物《しろもの》ではない。仕方がないから、腹の白子を食って帰って来たが、どうしてこんなものが評判になったのかと言えば、今言った通り、鮎というものをてんで知らない連中が、大きくて、いかにも立派なものだから、それにすっかり魅せられてしまったのだろう。

料理人の野本君は才人でもあり、太っ腹の男でもあったから、時に応じた考えから、大鮎ばかりを沢山取り寄せ、それを葛原《くずはら》冷凍に預けて、出しては食わせ、出しては食わせていた。それに鮎の本当を知らぬ人々が、彼の政略にまんまと引っかかった。しかし、この店も料理人の野本君が出てからは、なんだかすっかり駄目になってしまった。だが、こんなインチキが、必ずしも過去の語り草ばかりではなく、現在築地あたりでこの手をやっているところがないではない。

ついでにもう一つ――

ある日河岸へ行ってみると、鮎のついた弁当が十五銭でできるという話をしている者があった。腐っても鯛という諺はあるが、いかになんでも鮎である。安くても三十銭や五十銭はするであろうのに、鮎をつけて一つの弁当にしたのが十五銭とは何事だと、これには私もいささか驚いた。

ところが、底には底があるもので、河岸あたりで鮎が売れ残ると、これを冷蔵庫へストックして置く。それがいつとはなしに何千何百とたまって来る。そうなると、その処分に困って来る。腐っても鮎だとすましてはいられない。そこで捨てるよりはましだというわけで、これを抜け売りに出す。こんな次第でその際には五厘《りん》の鮎、三厘の鮎というのができる。まさか三厘や五厘でもあるまいが、二銭か三銭で相場が立ったらしい。もちろん、わたなどないにきまっているが、ともかく鮎入り弁当が十五銭ででき上ったのである。さすが東京は広いと舌を巻かざるを得なかった次第である。

鰻の話

私は京都に生れ、京都で二十年育ったために、京、大阪に詳しい。その後東京に暮して東京も知るところが多い。従って批判する場合、依怙《えこ》贔負《ひいき》がないと言えよう。鰻の焼き方についても、東京だ大阪だと片意地は言わない。が、まず批判してみよう。

夏の季節は、どこも同じように、一般に鰻に舌をならす。従って鰻談義が随所《ずいしょ》に花を咲かせる。鰻屋もこの時とばかり「土用の丑《うし》の日に鰻を食べれば健康になる」とか「夏やせが防げる」とか言って、宣伝にいとまがない。

一般的に、食欲の著しく減退しているこの時期に、鰻がもてはやされるというのは、鰻が特別扱いに価する美味食品であることに由来しているようだ。だが、一口に鰻と言っても多くの種類があり、良否があるので、頭っから鰻を「特別なうまいもの」と、きめてかかるのはどうだろうか。

ここで私の言わんとするうまい鰻とは、いわゆる良質鰻を指すのである。「うまい」ということは、良質のものにのみ言えることであって、食べてみてまずい鰻を良い鰻とは言わないだろう。その上まずいものは栄養価も少ないし、食べても跳び上るような心の喜びを得ることができない。また同じ種類のものでも、大きさや鮮度の如何《いかん》によってうまさが異なるから、鰻という名前だけでは、うまいとか栄養価があるとかいう標準にはなるまい。

鰻は匂いを嗅《か》いだだけでも飯が食えると下人は言うくらいだから、なるほど特にうまいものにはまちがいあるまい。人々の間では「どこそこの鰻がよい」というようなお国びいきもあるし、土地土地の自慢話も聞かされるが、東京の魚河岸、京阪の魚市場に代表的なものがある。素人では鰻の良否の判別は困難だが、鰻屋は商売柄よく知っているので、適当な相場がつけてある。従って良い鰻、うまい鰻は大方とびきり値段が高い。うまさの点を一口に言えば、養殖鰻より天然鰻の方がもちろん美味である。そのいわれは、季節・産地・河川によって生ずる。

「何月頃はどこそこの川のがよい」「何月頃はどこそこの海だ」というように、季節や場所によってそのうまさが説明される。このことは鰻の住んでいる海底なり、餌なりがかわるからなのであって、鰻は絶えずカンをはたらかし、餌を追って移動しているようだ。

彼らの本能的な嗅覚は、常に好餌《こうじ》のある場所を嗅ぎ当てる。好餌を発見すると、得たりとばかりにごっそり移動し、食欲を満足させる。彼らが最も好む餌を十分に食っている時が、我々が鰻を食って一番うまいと感ずる時で、この点は鰻に限らず、あらゆるものについても同様に解明できよう。

例えば、つばめだってそうだ。世間では相当のインテリでさえ、つばめの移動を「寒さからのがれるために暖地へおもむく」と子供たちに教えているようだが、それは少々誤りである。事実は、彼らの露命をつなぐ食糧、すなわち昆虫がいなくなるからであって、つばめにしてみれば、食を得るための移動なのである。南へ行かねば彼らのくらしがたたない。自己保存のために餌を求めて移動することは、つばめのみならず、動物の本能と言ってよいだろう。鰻の移動も自然の理法である。

ところで、あのひょろ長い、無心？の魚どもが、住みなれた河川の餌を食いつくしてしまうと、次へ引越しを開始する。海底の餌がある間はそこにとどまっているが、食べつくしてしまうと、再び他へ移行する。六郷川《ろくごうがわ》がよいとか、横浜本牧《ほんもく》がよいとかいうのは以上の理由によるもので、どこそこの鰻というものも移動先の好餌のある所を指すわけだ。

養殖鰻のように餌をやって育てたものでも、土地や池によって非常な差異が生じている。つくられたものでさえ差異が生じるというのは、一に水のせいもあるし、海からはいり込む潮の関係も考えられる。が、なんと言っても問題なのは飼料である。飼料によって鰻の質に良否の差違が生じて来る。養殖鰻でも適餌《てきじ》をやればうまい鰻になるだろう。だが、鰻養殖者は、とかく経済面のみ考えて、できるだけ安価な餌で太らせようとばかり考え、いきおい質が天然鰻から遠ざかりすぎるのである。経済ということも一理ではあるが、かと言って、いくら金をかけたところで、所詮人間は鰻の大好物が何であるかを知ることは困難のようである。

餌のことをもっとはっきりさせるために、すっぽんを例にとろう。すっぽんの好物は、あさりやその他の小さな柔かな貝類である。一枚歯のすっぽんの大腸をみるとわかるが、彼は貝を好んで食うために腸内部が貝類で埋っている。だが、すっぽん養殖者は、彼らにその嗜好物を供給してやるのには費用が高くつくので、代りに鰊《にしん》を食わせることがある。すると、いつの間にかすっぽんにも鰊の匂い、味がして、貝だけを餌にしていた時のようなうまさが失われて来る。このように餌一つで極端にまですっぽんの質に影響があることは見逃せない。

同じように養殖鰻でもよい餌をたべている時はうまいし、天然の鰻でも彼らの好む餌にありつけなかった時は、必ずしもうまくはないと言える。要は餌次第である。天然に越したことはないが、養殖の場合でも、それに近いものが望まれる。

ところで、現在市販のものでは天然鰻はごくわずかしか使用されておらず、ほとんど養殖鰻ばかりと言ってよい。天然鰻がいないからではなく、それを獲るのに人件費がかかるからで、問題は商魂にある。養殖鰻の値が天然のそれに比して高ければ、一般の人々は手を出さないであろうし、従って、おのずと天然鰻が繁昌する結果になる。養殖の場合は先述したように、鰻が肥っていればよいのであるし、形ができていれば商売になる。味覚をなおざりにしているわけではなかろうが、どうしても二義的に考えられがちだ。現今では、鰻といえば養殖鰻が通り相場になっているほどである。東京では五、六軒だけ天然鰻を使用しているが、京、大阪は皆無。中には両方をまぜて食わせる店もある。

一方、天然鰻は餌が天然という特質があるために概してうまいと考えてよい。もちろん良否はあるが。養殖鰻にもとりわけうまいものがあるが、よほどよい鰻屋に行かなければぶつからない。

最後に、鰻はいつ頃がほんとうにうまいかと言うと、およそ暑さとは対照的な一月寒中の頃のようである。だが、妙なもので寒中はよい鰻、うまい鰻であっても、盛夏の頃のように鰻を食いたいという要求が起こらない。うまいとわかっていても人間の生理が要求しない。しかし、盛夏のうだるような暑さの中では冬ほど鰻は美味でないけれども、食いたいとの欲求がふつふつと湧き起こって来る。これは多分、暑さに圧迫された肉体が渇した如く要求するせいであって、夏一般に鰻が寵愛《ちょうあい》される所以もここにあるのであろう。もちろん、一面には土用丑の日に鰻と、永い間の習慣のせいもあろう。

牛肉の場合は、冬でも肉体の要求を感ずるが、鰻、小型の鮪《まぐろ》などは夏の生理が要求を呼ぶもののようだ。皮鯨《かわくじら》（鯨肉の皮に接した脂肪の部分）は夏季非常にうまいけれども、冬は一向に食う気がしない。要するにこれらは、人間の生理と深い関係があると言えよう。

私の体験から言えば、鰻を食うなら、毎日食ってはあきるので、三日に一ぺんぐらい食うのがよいだろう。美味の点から言って、養殖法がもっともっと進歩して、よい鰻、うまい鰻で心楽しませて欲しいものである。

参考までに鰻屋としての一流の店をあげると、小満津《こまつ》や竹葉亭《ちくようてい》、大黒屋などがある。現代的なものに風流風雅を取り入れた、感じのよい店と言えよう。中でも先代竹葉の主人は、名画が非常に好きで、とりわけ琳派の蒐集があって、今日特にやかましく言われている宗達《そうたつ》、光琳《こうりん》のものなど数十点集めておったほどの趣味家で、この点だけでも大したものであった。今なお竹葉の店に風格があるのは、そのためである。

美を知るものは、たとえ商売が何屋であっても、どこかそれだけ違うものがある。

次に鰻の焼き方であるが、地方の直焼《じかやき》、東京の蒸焼《むしやき》、これは一も二もなく東京の蒸焼が良い。

河豚のこと

河豚のうまさ

ふぐのうまさというものは実に断然たるものだ、と私は言い切る。これを他に比せんとしても、これに優る何物をも発見し得ないからだ。

ふぐのうまさというものは、明石鯛がうまいの、ビフテキがうまいのという問題とはてんで問題が違う。調子の高いなまこやこのわたを持ってきても駄目だ。すっぽんはどうだと言ってみても問題が違う。フランスの鴨の肝だろうが、蝸牛《かたつむり》だろうが、比較にならない。もとより、てんぷら、うなぎ、寿司などの問題ではない。

無理かも知れぬが、試みに画家に例えるならば、栖鳳《せいほう》や大観《たいかん》のうまさではない。靫彦《ゆきひこ》、古径《こけい》でもない。芳崖《ほうがい》、雅邦《がほう》でもない。崋山《かざん》、竹田《ちくでん》、木米《もくべい》でもない。呉春《ごしゅん》あるいは応挙《おうきょ》か。ノー。しからば大雅《たいが》か、蕪村《ぶそん》か、玉堂《ぎょくどう》か、まだまだ。では光琳か、宗達か。なかなか。では、元信《もとのぶ》ではどうだ、又兵衛《またべえ》ではどうだ、まだだ。光悦《こうえつ》か、三阿弥《あみ》か、雪舟《せっしゅう》か、もっともっと。因陀羅《いんだら》か、梁楷《りょうかい》か、大分近づいたが、さらにさらに進むべきだ。然らば白鳳《はくほう》か、天平《てんぴょう》か、推古《すいこ》か、それそれ。すなわち推古だ。推古仏。法隆寺の壁画。それでよい。ふぐの味を絵画彫刻で言うならば正にその辺だ。

しかし、画をにわかに解することは、ちょっと容易ではないが、ふぐの方は食物だけに、またわずかな金で得られるだけに、三、四度も続けて食うと、ようやく親しみを覚えて来る。そして後を引いて来る。ふぐを食わずにはいられなくなる。この点は酒、煙草に似ている。

一たびふぐを前にしては、明石鯛の刺身も、鬼魚《おこぜ》のちりも変哲《へんてつ》もないことになってしまい、食指が動かない。ここに至って、ふぐの味の断然たるものが自覚されて来る。しかも、ふぐの味は山における蕨《わらび》のようで、そのうまさは表現し難い。と言うふぐにもうまいまずいが色々あるが、私の言っているのはいわゆる下関のふぐの上等品のことである。いや、ふぐそのものである。

ふぐ汁や鯛もあるのに無分別《むふんべつ》

ふぐでなくても、無知な人間は無知のために、何かで斃《たお》れる失態は沢山の例がある。無知と半可通に与えられた宿命だ。

それでなくっても、誰だって何かで死ぬんだ、好きな道を歩んで死ぬ……それでいいじゃないか。好きでなかった道で斃れ、逝《ゆ》くものは逝く。同じ死ぬにしてもふぐを食って死ぬなんて恥ずかしい……てな賢明らしいことを言うものもあるが……そんなことはどうでもいい。

芭蕉という人、よほど常識的なところばかり生命とする人らしい。彼の書、彼の句がそれを説明している。「鯛もあるのに無分別」なんて言うと、鯛はふぐの代用品になれる資格があるかにも聞え、また鯛はふぐ以上にうまいものであるかにも聞える。所詮、鯛はふぐの代用にはならない。句としては名句かも知れないが、ちょっとしたシャレに過ぎない。

小生などから見ると、芭蕉はふぐを知らずにふぐを語っているようだ。他の句は別として、この句は何としても不可解だ。

鯛である以上、いかなる鯛であっても、ふぐに比さるべきものではないと私は断言する。全然違うのだ。ふぐの魅力、それは絶対的なもので、他の何物をもってしても及ぶところではない。ふぐの特質はこんな一片のシャレで葬り去られるものではなかろう。ふぐの味の特質は、もっともっと吟味さるべきだと私は考える。

それだからと言って、何でもかでも、皆の者共食えとは言わない。いやなものはいやでいい。

ただ、ふぐを恐ろしがって口にせんような人は、それが大臣であっても、学者であっても、私の経験に徴すると、その多くが意気地なしで、インテリ風で、秀才型で、その実、気の利いた人間でない場合が多い。そこが常識家の非常識であるとも言える。死なんていうものは、もともと宿命的に決定されているものだ。徒らに死に恐怖を感ずるのは、常識至らずして、いまだ人生を悟らないからではないか。

河豚は毒魚か

さて、このふぐという奴、猛毒魚だというので、人を撃ち、人を恐れ戦《おのの》かしめているが、それがためにふぐの存在は、古来広く鳴り響き、人の好奇心も動かされている。しかし、人間の知能の前には毒魚も征服されてしまった。

人間はふぐの有毒部分を取り除き、天下の美味を誇る部分をのみ、危惧なく舌に運ぶことを発見したのだ。東京を一例に挙げてみても、今やふぐは味覚の王者として君臨し、群魚の美味など、ものの数でなからしめた。ためにふぐ料理専門の料理店はとみに増加し、社用族によって占領されている形である。関西ならば、サラリーマンも常連も軒店で楽しみ得るが、東京はお手軽にいかない怨みがある。

下関から運ばれるふぐは、東京における最高位の魚価を持っている。

この価格も一流料理屋ではもとより問題ではない。のれんを誇った料理の老舗《しにせ》も「ふぐは扱いません」などとは言っておられず、我も我もとふぐ料理の看板を上げつつあるのが今日この頃の料理屋風景である。しかし、私はこの実状を憂うるものではない。否、むしろ推奨したい一人である。従来は無知なるが故に恐れ、無知なるが故に恵まれず、無知なるが故に斃れ、不見識にもこの毒魚を征服する道を知らず、この海産、日本周辺に充満する天下の美味を顧《かえり》みなかったのである。今もって無知なる当局の取締方針など、このまま無責任に放置せず、あり余るこの魚族を有毒との理由から、無暗《むやみ》と放棄し来たった過去の無定見を反省し、更に更に研究して、ふぐの存在を十分有意義ならしめたいと私は望んでいる。

ふぐは果して毒魚だろうか。中毒する恐れがあるかないか。ふぐを料理し、好んで食った私の経験からすると、ふぐには決して中毒しないと言いたい。九州大学その他の医学者が専門に研究して発表したこともあるが、それによっても、ふぐの肉はいかなる種類のふぐでも無毒とされている。卵巣と肝臓とを食わなければ無毒だと言っている。私もその通りだと思う。要するに、猛毒といっても、肉にあるのではないから、都合よくできていて、解明はすこぶる簡単だ。要は、血液に遠ざかることである。わずかににじみ出る血液くらいでは致死量に至らないようだ。むしろ醍醐味となって、美味の働きをしているのかも知れない。いずれにしても、肉を生身で食うのが一番うまいのだから、素人は皮だの腸だのは食わなくてもよい。しかし、頭肉、口唇、雄魚の白子はうまいからチリにして味わうべきだ。下関のは鮮度の高いやつを腸抜《わたぬ》きにして急行で送って来るから、これなら間違いないはずだ。

ふぐをこわがったのは昔のことだ。それは一にふぐ料理の方法が研究されていなかったからである。現在では、ふぐ屋においてふぐを食って死ぬことはない。このようにふぐを安心して食える時代が来ても、ふぐを恐ろしがることは、全く無知の致すところだと思う。

にもかかわらず、今なお衛生当局の無知はふぐ料理を有毒ときめ、各県各区勝手な取締りを行なっている。よしんば取締りを行なうにしても、よろしく研究の上、この天与の美味を生かすように配慮願いたいものだ。

猪の味

猪のうまさを初めてはっきり味わい知ったのは、私が十ぐらいの時のことであった。当時私は京都に住んでいたが、京都堀川の中立売《なかだちうり》に代々野獣を商っている老舗があって、私はその店へよく猪の肉を買いにやらされた。

私の家は貧乏であったから、猪の肉を買うといっても、極く僅かな買い方をしていた。まあ五銭ぐらい持って買いに行くのが常であった。もっとも、当時は牛肉ならば鹿の子《かこ》(東京でいう霜降りロースに当る)が三銭位で買えた時代であるから、五銭出すというのは、猪の肉だけに奮発したわけなのである。

だが、それにしても猪の肉を僅か五銭ばかり買いに行くというのは、豪勢な話ではない。ただ肉を食いたいというだけなら、その金で牛肉がもっと買えるのだから、そうしたらよさそうなものだが、牛肉の時には三銭買い、五銭持った時には猪を買いにやらされたところをみると、私の養父母も、どうやら美食を愛した方だったのだろうと、今にして思うのである。

西も東もわからぬ子供時代から、食いものだけには異常な関心を持っていた私は、このお使いとなると、非常に心が勇み立ったのを憶えている。ピカピカ光る五銭玉を握って肉屋の店先へ立ち、猪の肉を切ってくれる親爺《おやじ》の手元をじっと見つめながら、今日はどこの肉をくれるだろう、股《もも》ったまのところかな、それとも腹の方かな、五銭ばかり買うのだから、どうせ上等のところはくれまいなどと、ヒガミ心まで起こしながら、いろいろ空想していたことを、今でもきのうのことのように覚えている。

そうしたある日のことだった。いつものように店先に立ってみていると、親爺が二寸角ぐらいの棒状をなした肉を取り出して来て、それを一分ぐらいの厚さに切り出した。

四角い糸巻型に肉が切られてゆく。その四角のうち半分ぐらい、すなわち上部一寸ぐらいが真白な脂身で、実にみごとな肉であった。十ぐらいの時分であったが、見た時にこれはうまいに違いないと心が躍った。脂身が厚く、しっかりしている。肩の肉か、股の肉か、その時はわからなかったが、今考えてみれば、恐らく肩の肉、すなわち豚肉でいう肩ロースであったろうと思う。

その代り、親爺はそれを十切れぐらいしかくれなかった。子供心にも非常に貴重なもののようにそれを抱えて、楽しみにして帰って来た。うちの者も、その肉の美しさを見て非常に喜んでいた。早速煮て食ってみると、果せるかな、うまい。肉の美しさを見た時の気持の動きも手伝ったことだろうと思うが、食道楽七十年を回顧して、後にも先にも、猪の肉をこれほどうまいと思って食ったことはない。私は未だにそれを忘れない。私が食物のうまさということを初めて自覚したのは、実にこの時であった。

この肉屋は、もちろんその後、代《だい》がかわっているが、今も繁昌している。

想い起こせば、またこんな話もある。

ここには猪の肉だけではなく、熊や鹿の肉もあった。当時はまだ豚を余り食わない時代で、三条寺町の三島という牛肉屋まで行かなければ豚はなかった。豚がなかったわけは、キタナイという気持がまだ一般にあったからであろう。もう一つついでに述べておけば、面白いことに、昔は豚の肉でも京都の方では、赤い方が廉く、白い脂身が高かった。私なども脂身がうまいと思っていた。ところが、東京へ来てみると、反対に赤身が高く、脂身が安い。東京はうまいところが安いのだね、などと言って脂身を買って食ったことを憶えている。だが、これも今日になってみれば、脂身ばかりでも困る。これは豚肉に対する私の嗜好の変化もあるが、飼育法や餌が変って来て、豚肉そのものがうまくなってきたせいかも知れない。それはともかく、当時は豚よりもむしろ猿を食っていた。私なども、ちょいちょい食ったもので、その肉は丁度鰹の身のように透き通ったきれいな肉であった。感じから言えば、兎の肉に似ているが、当時の印象では、これも脂がなくて、そううまいものではなかった。しかし、兎の肉よりはうまかった。

その後（私の十二、三歳の頃）猪の肉でうまかったと印象に残っているのは、前の例とは全く反対に、外見が柔かく、くちゃくちゃした肉だった。これは堀川四条の肉屋が持って来たものであったが、見た目がいかにも見すぼらしい。だが、食ってみると意外にうまかった。どの部分かはっきりしなかったので、その肉屋に聞いてみたら、申し上げぬ方がいいでしょうと笑っていた。なおも問いただすと、これは肛門の回りの肉ですということであった。

見てくれは悪いが、その味は素晴らしくうまかった。思うに、股のつけねから下方にかけての薄い柔らかい肉で、魚の鰭下にあたる味を持っていたのだろう。

私は、うまいとなると、徹底的に食わねば気の済まぬ性分で、猪に限らず、そこらを歩いていても、何かうまいものが目にとまると、まず立ちどまってこれを検分し、うまそうだなと感じ出したら、どうしても食ってみたくなる。これで時々うまいものを見つけ出すが、また失敗することもある。

かつて江州長浜へ鳥を食いに行った時、鳥屋の前にすばらしく大きな、まるで牛みたいな猪がぶらさがっていた。見るからに立派でうまそうに思われた。物の大きさ、これにはよく素人がひっかかるのであるが、無理はない。みごとに大きな猪に魅せられて、いかにもうまそうに思ってしまったのである。遂にその猪を買うことにした。

食ってみると、ゴツイのなんの、肉があらっぽくコリコリしている。大味で、まずい。大失敗であった。ただし脂肉はすこぶるうまかった。これに懲《こ》りて、それ以来、大きなものには手を出さぬことにしている。

東京で猪の仔を「当歳」と言い、上方で「ドンコ」というが、私も長ずるに及んで、その真実なることを経験的に学んだ。今の味覚から言っても、猪の肉を賞味するときは生後一年の仔猪に限る。もしくは二、三十貫の脂肉に富む猪がうまい。だから、今では大きな猪に手を出すことはまずない。

総じて年をとったものがまずいのは、何も猪だけに限ったことではない。牛でも鳥でも魚でも同じである。だが、猪の場合は、少なくとも牛などとはその意味が少し違う。犢《こうし》はうまい。けれども、犢の味を普通の牛の味と比較するのは無理である。犢と親牛の肉は、同じ牛の肉でも全く別な味である。言わば品質が違うのである。

猪の肉も同様で、親猪と仔猪とは共に味も質も違うけれど、食ってうまい点では、仔猪はあなどりがたいうまさを持っている。脂肪層はない、肉は柔らかく、「猪は当歳」という言葉は確固とした意味を持っている。

親猪は脂が多く、肉も粗にして固い。仔猪は肉が柔らかく、脂も豚肉の三枚に似て小味である。もちろん、この野生動物は脂の乗る冬がうまい。また大雪の積もる雪国に産するものがよい。伊豆天城あたりでも大分獲れるが、脂が少なくて味も悪い。仔猪は一般に分厚な脂肉は少ないが、仔猪で比較的脂の乗ったものが最も理想的である。大きさでいえば、十五貫匁ぐらいの奴がよろしい。

猪の肉を煮て食うには三州《さんしゅう》味噌がよい。脂ッこいものであるから、味噌を入れると口あたりがよいのである。渋味が少しあるから酒を入れる。「猪大根」ということが昔から言われているが、その通り大根は肉の味に非常によく合う。その点は豚も同じで、大根そのものもなかなかうまく食える。私の子供時代には、葱《ねぎ》や何かゴチャゴチャ入れて煮ていたが、醤油の他にやはり味噌を用いていた。馬肉なども味噌を用いるが、馬の場合は味噌でも入れなければ食えないのであって、猪に味噌を用いるのは、少しそれとは意味を異にするようだ。

ところで、よく世間で猪鍋《ししなべ》会をやるというので、招待されて行ってみると、肉を出鱈目に薄く切って、大根や芋や人参《にんじん》などと一緒にごたごた大鍋に入れ、長い時間ぐつぐつ煮ている場合が多い。これは猪の肉が硬いからというのであろうが、それにしても、いよいよ煮えて食べる段になってみると、肉はなるほどよく煮えて柔らかくはなっているが、すっかりだしがらになっていて、何の味もないのは情けない。猪はもちろん肉の味もよいが、そればかりでなく、あの野趣を帯びた香味を尊ぶ。然るに、こう煮てしまっては、肉の香味は愚かなこと、味さえもないのである。

大概こんな場合、肉が非常に少なく、鍋の中をひっかきまわして、やっと探し出してみると、それがこういう有様で、だしがらときているから、東京の猪鍋会で猪を食った人の多くが、猪なんてうまくないと言うのも当然であろう。だが、これでは猪に対して申し訳が立つまい。余りにも、ものを食う心得がないからのことで、私だったら、まず脂身のところで野菜を煮て、別に肉を取って、硬ければ薄く切り、これを徐々に鍋に追加しながら、煮えるそばから食べるようにする。

猪の味で野菜を賞味すると言っても、肝心の猪の味がすべて野菜に吸収されてしまっては、猪鍋として問題にならない。元来、猪の肉はそれほどだしの出るものではなく、補助味の役にはならないものである。だから、猪の味だけで食おうとすれば、相当脂肪のついた肉（脂身）を豊富に使うべきである。鍋の中に野菜が肉より多いようでは、だしはまず利かない。また味が利くほど煮れば、前述のようなだしがらになって、鮭の缶《かん》詰肉《づめ》のようにぼろぼろになってしまい、猪肉の面目はなくなる。

甚だしいのになると、山と積んだ野菜の中に、肉が申し訳程度、大鍋におまじないみたいに入れてある猪鍋会がある。僅かばかりの肉で大勢の人を呼んだりするから、そういうことになるのであろうが、いかに猪の肉が豪味であろうとも、それでは衆寡敵し得ないのである。なんにしても、猪鍋会というふれこみの大会は、猪肉を賞味するのが目的でない場合が多い。猪鍋会のみに限らないが、これも深く物に徹して、真面目に物を処理しようとしない人間の通有性のあらわれの一つであると言えよう。

山椒魚

一つ変った食物の話をしよう。

長い間には、ずいぶんいろいろなものを食ったが、いわゆる悪食の中には、そううまいものはない。

「変った食物の中でうまいものは？」と問われるなら、さしずめ山椒魚《さんしょううお》と答えておこう。

山椒魚を食うのは、決して悪食ではないが、御承知のように山椒魚は保護動物として捕獲を禁止されている上に、どこにもいるというものでないから、めったに人の口にはいらない。その意味から言って、山椒魚は、文字通りの珍味であると言えよう。

でも、私が山椒魚を珍味というのは、単に珍しいという点ばかりではない。いくら珍しくとも、うまくなければ珍味とは言えない。世の中には珍しがられていても、うまくないしろものがいくらもある。ところが、山椒魚は珍しくてうまい。それ故にこそ、名実共に珍味に価すると言えよう。

大分前の話になるが、旧明治座前の八新《はちしん》の主人が、山椒魚料理の体験談を聞かせてくれたことがある。その話の中で「山椒魚を殺すには、すりこぎで頭部に一撃を食わせるんですが、断末魔に、キューと悲鳴をあげる、あの声はなんとも言えない薄気味悪いもんですな」と、心《しん》から気味悪そうに語った。

中国の『蜀志《しよくし》』という本には「山椒魚は木に縛りつけ、棒で叩いて料理する」と出ているということであるが、山椒魚の料理法など知っているものは、そういないだろう。私も始めて山椒魚を料理するときには、この話を思い出し、その伝でやってみた。

震災前のことだから、大分古い話になるが、水産講習所の所長をしておられた伊谷二郎《いたにじろう》という人が、山椒魚を三匹手に入れたというので、そのうちの一匹を私に贈ってくれたことがあった。

二尺ぐらいのものであったろうか、大体がグロテスクな恰好をしているし、肌もちょっと見は、いかにも気持の悪いものであるが、俎の上にのせてみると、それほど気味悪くは感じない。ガマのようないやな気はしない。

八新の主人公の伝で、頭にカンと一撃を食らわすと、簡単にまいった。腹を裂いたとたんに、山椒の匂いがプンとした。腹の内部は、思いがけなくきれいなものであった。肉も非常に美しい。さすが深山の清水の中に育ったものだという気がした。そればかりでなく、腹を裂き肉を切るに従って、芬々《ふんぷん》たる山椒の芳香は厨房からまたたく間に家中にひろがり、家全体が山椒の芳香につつまれてしまった。恐らく山椒魚の名はこんなところからつけられたのだろう。

それから、皮、肉をブツ切りにして、すっぽんを煮るときのように煮てはみたが、なかなかどうして、簡単に煮えない。煮えないどころか、一たんはコチコチに硬くなる。それから長いこと煮たが、一向柔らかくならない。二、三時間煮たが、なお固い。

ともかく、長いこと煮て、ようやく歯が立つようになったので、一口食ってみたら、味はすっぽんを品よくしたような味で、非常に美味であった。汁もまたうまかった。

すっぽんとふぐの合の子と言ったら妙な比喩《ひゆ》であるが、まあそのくらいの位置にある美味ということができようか。すっぽんも相当うまいが、すっぽんには一種の臭みがある。山椒魚はすっぽんのアクを抜いたようなすっきりした上品な味である。

きのうの味を忘れかね、次の日また食ってみたら、一層うまいのにはびっくりした。

長いこと煮てなお固かったものが、一《ひと》たび冷めてみると、不思議なことに非常に柔らかくなる。皮などトロトロになっている。そして、汁も翌日の方が遥かにうまい。

その後、機会を得ず、絶えて久しく食わなかったが、偶然のチャンスで、日本橋の山城屋に山陰かどこか、ともかくあの辺のものが三匹手にはいったという情報を耳にしたので、早速そのうちの一匹を買受け、前と同じような手順でやってみた。今度のは前よりは大きく二尺余りもあったろう。

例の伊谷氏や美術学校の正木直彦《まさきなおひこ》氏はじめ物好きな人々を十人ばかり招待して、その山椒魚を御馳走したわけだが、この時も前と同じように、なかなか柔らかくならない。物好きな客人たちは山椒魚を料理するところをみたいと言い、みな集ってから料理を始めたので、結局、御馳走するのは大分時が経過してからであった。だが、それがために十分柔らかいとは言えなかった。

しかし、いずれの面々も山椒魚の料理を非常にうまがって、お代りしたほどであったが、以前と同じように、やはり翌日の方が柔らかく、味もずっとよかった。

三回目は鎌倉の自宅で食った。これは出雲の人から贈られたものだが、なんでも山口県の山中で捕《と》れたものだという。聞くところによれば、あの辺の人は始終食っているとのことで、山椒魚料理は必ずしも珍しくないという。

その時の話では、土地の人はたまさか山椒魚を山道で見付けると、その場で焼いて食うのだという。おそらく塩か醤油につけて食うのだろうが、山椒魚は山にも登るものとみえる。

さて、この時は大阪でも一流といわれる骨董紳商の面々に御馳走したのであるが、なんでも知っていそうな通人の多い骨董屋にもかかわらず、誰ひとりとして、山椒魚の味を知っている者がなかったところをみると、やはり山椒魚は珍味であるのだろう。

参考までに料理法の大略を述べれば、まずはらわたを除いたら、塩でヌメヌメを拭い去り、一度水洗いして、次に塩を揉《も》み込むようにして肉を清める。こうして再び水洗いして三四分ぐらいの厚さの切身にする。

汁は酒を加え、丸生姜と葱を入れて、ゆっくり煮る。

山椒魚は肉もうまいが、ゼラチン質の分厚な皮がとびきりうまい。すっぽんで言えば、あのペラペラしたところに当る訳であるが、それよりモチモチしていて品の高いものがある。

山椒魚を裂くと、山椒の香りがすると書いたが、この香りは鍋に入れて煮てゆくうちに段々消え去ってしまう。

ところで、鎌倉でやった時にも、客に出すまでに十分な柔らかさに煮ることができなかった。

こうした数度の経験によってみると、晩餐《ばんさん》に山椒魚を食べようとする場合には、朝方から煮るようにするのがよいだろう。

「山椒魚の料理としては、先ず籠の中に入れ、外より熱湯をそそぎかけて熱殺し、皮を剝ぎ、肉を割く方法を取るの外なし」などと、もっともらしいことを言う者もあるが、そんな馬鹿げた訳のものではない。

つい最近の話をつけ加えておくと、昨年松江の知人の家を訪ねたとき、山椒魚が偶然にも三匹ばかり手にはいり、大いにうまく食べたことがある。その時は、「握り寿司の名人」で紹介した寿司屋久兵衛君が居合わせていた。勉強熱心な彼は「是非私に庖丁を持たせてくれ」と懇願するので「では願いましょう」と料理方を頼んだ。

なにしろ四ツ足なので、豪気の久兵衛も初めのうちは、ガタガタふるえて気味悪がっていたが、意を決して一撃を喰《くら》わし、とうとう三匹とも料理してしまった。

その時も山椒の芳香が客間まで届き、ずいぶんと風情ある趣きを添えたことを覚えている。

蝦蟇を食べた話

山椒魚は手に入れるのが困難だが、反対にいくらでも手にはいるもので、しかも、めったに人の食わないもの、それでいて、相当の珍味を有するものと言えば、日本の蝦蟇《ひきがえる》だろう。

ひと頃、食用蛙というものが流行して、非常にうまいもののように言われたが、食用蛙などよりは蝦蟇の方が余程うまい。しかし、このことを知っている者は、案外少ないようである。

私がはじめて蝦蟇を食ったのは上海《シャンハイ》であった。ある料理屋にはいってみると、蛙の料理が特別に大きく書いて貼り出してあった。大田鶏《だいでんけい》と大書して貼り出してあったところをみると、中国でも蛙の料理は珍しい料理か、少なくとも呼び物料理であったに違いない。さすが中国だけに面白い字を使う。田の中の鶏とはうまい表現である。

これは珍しいと思ったので、早速注文した。すると大丼に一杯持って来た。煮たもので薄葛《うすくず》がとろりとかけてあった。一体中国料理というやつは、いずれも大袈裟で量の多いものであるが、このときも御多分に洩れなかった。いくらうまくてもこんなには食えまいと思ったが、食ってみると、非常にうまいので、とうとう皆平げてしまった。

それから、どんな蛙だろうと思って、みせてもらったが、日本の蝦蟇をやや小振りにしたくらいの大きさで、色は赤味がかっていた。いわゆるアカヒキという種類である。シュンは冬眠の時期であろう。私が食ったのは、五月で産卵後であったかと思うが、それでも非常にうまかった。

ところが、美味も美食も意《こころ》のない者には縁がないもので、中国に十年も住んでいるとか、またはたびたび中国を訪問したりしているとか、いわゆる中国通に限って蛙を食わしていることを、全く知らないものが多い。蛙がうまいと私が話をすると、そういう連中が知らないものだから、びっくりして、本当か、などと不審がる。初めて上海へ行った新参者の私が、そういう古強者の中国通たちを案内して、蛙料理を食わしてやると、いずれの面々もその美味に驚嘆した。

こんなわけで、私は日本の蝦蟇も相当うまいだろうと思っていた。いつか機会があったら食ってやろうと考えていたのである。しかし、なんといっても、蝦蟇の皮膚は見るからに気持が悪いから、ちょっと手を下す気になれなかった。習慣の力というものは恐しいもので、こういうものは、やはりなにかのキッカケがなければ食えないものである。

ある時、瀬戸から来た陶工が、瀬戸あたりでは蝦蟇などは殆んど常食のように食っている。誰でもそこらへ行って捕えて来ては食っているという話をした。亀などもよく捕えて食うということだった。なるほど、あのあたりで土いじりをしている職人というものは、百姓みたいなものであるから、さもありなんと私はこの話を心に留めていた。

それから瀬戸の赤津《あかづ》へ行った時、この話を持ち出して、この辺では皆よく蝦蟇を食うとか聞いたが、本当かとたずねてみた。すると職人達は、そんな話は全く聞いたことがないという答えで、どうも符節が合わない。狐につままれたような工合であった。しかし、案外、蝦蟇を食うなどということを、恥ずかしがってでもいるのではないかと思われたので、あの辺では相当の物持ちであり、かつまた陶工の親分でもある加藤作助君に会って質《ただ》してみた。だがこの加藤君も、そんな話もないことはないが、本当に食いはしないという。結局、真偽のほどが分らないので、蝦蟇を食う機会を得なかった。

一度こうと思ったものをウヤムヤにするということは、何となく気にかかってならぬものである。そこで京都伏見のある陶器工場へ行った時、ちょうどこの話の御本尊が来ていたので、またその話を蒸し返してみた。

「君は皆食っているというが、聞いてみたら、誰も知らないと言ってたぜ」というと
「いや、そんなことはない。蝦蟇はうまいし、第一ただだし、皆捕って食っている」と相変らず蝦蟇常食論を主張して止まない。どうも要領を得ないことおびただしい。

すると、この話を聞いていた宮永という陶器職人が「なんのかのと言うが、蝦蟇は京

都にだっている。伏見稲荷の池に行けば、たしかにいるに決っている。どこの蝦蟇だって食えるんだから、それを捕って来たらどうです」という動議を出した。なるほど、そう言われればそうに違いない。そこで「捕って来た者には一匹一円で五匹まで買おう。どうだ、誰か捕ってくるものはないか」ということになった。この一円は今の百円ぐらい価値のある時代である。「一匹一円なら、昼の休みに捕ろうじゃないか」と衆議一決して、皆でわあわあ言いながら伏見稲荷の池へ出かけて行った。寒中の寒い日だった。私もついて行ってみたが、冬のことで池の水がぐんと減っている。蝦蟇はこの池のふちの斜面に横穴を掘って、その奥に冬眠しているということであったが、見ると、なるほど、減水した水面と池の縁との丁度中間のところに点々と穴がある。

たしか中国の『随園食単《ずいえんしょくたん》』かなにかに、洞窟の蟾《ひき》は美味であるとあったと思うが、私はこの穴を見て「ハハア、これだな」と思った。それまで洞窟という文字から、何か大きな岩穴のようなところにでもいる蝦蟇のことかと考えていたが、そうではなくて、やはり、冬眠中の穴にいる蝦蟇を指したものに違いない。

それはさておき、この穴がなかなか深く、蝦蟇はちょうど肩の辺まで腕を入れねば届かないような奥に眠っている。だから、池の縁の方からかがんで手を入れても、蝦蟇のところまでは届かない。どうしても、池の中に入ってやる他はない。

そうなると、初めは元気なことを言って出掛けて来た職人たちも「一円か二円か知らんが、いややなあ」などと弱音を吐く者が出てきた。中には手を入れて、グニャッとしたものに触れると、ワッと声を挙げて、手を引込めてしまう者などもあって、大騒ぎだ。蝦蟇は眠っているとはいえ、死んでいるわけではないから、ぐにゃぐにゃしているに違いない。蝦蟇に違いないと誰もが信じているのだが、しかし、いよいよ引出してみるまでは、果して蝦蟇なのやら、あるいは蛇なのやら分らない。それだけに気味が悪いとみえて、皆何とか言いながらウジウジしている。そのうち、遂に誰か勇を鼓して、そのグニャリとしたものを引き出した。見ると、果して蝦蟇であった。それに勢いを得て、次ぎ次ぎと引出し、結局予定通り五匹の蝦蟇をつかまえることができた。

それから蝦蟇の常食論者に皮を剝いでもらい、身だけになったものを普通の魚のすき焼でもやるように、刻んだ葱と一緒に煮て、薄荷をかけた。これは、上海式をそのままやってみただけのことである。こうして晩餐に食ってみると、やはりうまい。肉はキメが細かく、シャキシャキしていて、かしわの抱身《だきみ》などよりうまい。ただし、どういうものか少し苦味がある。「この苦いのはどうも少しおかしいが……」と言って例の常食論者に聞いてみたが「知らない」という。ともかく、苦いものに毒はないからと、そのまま食ってしまった。その翌日も食って、二日ばかりで五匹食ってしまった。

その後も幾度か食ったが、やはり苦味があった。人の話では（嘘か本当かわからないが）「調理する時、皮を剝いだ手で肉をいじると苦くなる。苦味は皮にあるので、皮から出る汁を肉に移さなければよいので、水の中で剝いだらいいでしょう」ということであった。苦いというのは一種のアクであろうと思うが、しかし、今度やるときにはそれを注意して試みてみよう。

京橋の日本橋寄りのところに、震災後、蛇や蛙を専門に食わせる店ができたことがある。随分と妙なものばかり食わしたものだが、私も他では食えないから、ここで蛇やなにか変ったものをいろいろ食ってみた。大体調子は同じだが、中国の大田鶏にくらべて、日本の蝦蟇の方がうまい。食用蛙は柔らかいが、なにか繊維のないような感じで、味に含みがない。もちろん味の軽いもので、鳥なら抱身、魚なら肉の柔らかいものに比べられる。

中国で見たのは、アカヒキというのであろうが、日本では見たことがない。日本にもアカヒキと称するものはいるそうである。自分はみたことはないが、手にはいれば試食してみたいと思っている。さしずめ赤色田鶏とでも名付けたらよかろう。

握り寿司の名人

終戦後、闇米屋という女性行商人が大活躍し、取締りなど何恐れるところなく日々東京に入りこんで、チャッカリ商売したものであった。売込み先は割烹旅館、特に寿司屋を当にして新潟・福島・秋田などからたくましくも行商に来ていた。東京では首を長くして待ちこがれているという様子が、彼ら闇屋の目には鋭く映るのだろう。寿司屋を始めようが、料理屋をやろうが、カツギヤにさえ頼めば米に不自由する都会ではなかった。

このころの東京は、見渡すところ寿司屋ばかりの食物横丁かと思わせるほどの軒並であった。雨後《うご》の筍どころのさわぎではない。しかしわれわれがいう寿司らしい寿司を作る店は、そうたやすく見当るものではなかった。われわれとて、軒並食って歩いたわけではないが、通りがかりに横目で見て上・中・下どんな寿司を売る店か分るのである。もちろん、こうなるまでには、大分寿司代を払っている。心ある者は贅沢屋の評判ある有名店に飛び込んで経験するほかに近道はなかろう。かといって、二十歳や三十歳くらいの青年期では、酢加減がどうの、マグロの本場物、場違い物などとみてとれるはずがない。善かれ悪しかれ、なんでもかでもうまく食える。大方の青年層はふんだんに食えれば、それで大満足というわけだから、寿司屋の甲乙丙はまず分るまい。寿司談義は小遣銭が快調にまわるようになり、歳も四十の坂を越え、ようやく口が贅《おご》って来てからのことになる。

飯を少なく握れの、山葵を利かせの、トロと中トロの中間がよいのというようになって来るのはこの頃からで、その連中は昔だと、茶の熱いうまいやつをよろこんで寿司を味わったものだ。だが、今日このごろの者は、いきなりビールだ酒だと寿司を酒の肴《さかな》に楽しんでいる。寿司食いのアプレである。戦後、寿司が立食いから椅子にかけて食うようになったせいである。この傾向もなかなか勢力があって、上等の寿司屋はおのずから腹の張らない小形寿司を作って、飲ませるように技を進め、遂に一人前の料理屋になったからだ。今一つの新傾向は、女の立食い、腰掛食いが驚くほど増えて来て、男と同じように「私はトロがいい」「いや赤貝だ」「うにだ」と生意気をやって、噴飯させられることしばしばという次第だ。寿司においては、いちはやく男女同権の世界に歩を進めたようだ。

島田《しまだ》髷《まげ》の時代には売物にならなかった御面相が、口紅、爪紅、ハイヒールで堂々と寿司通仲間に侵入し、羽振りを利かす時代になってしまった。昔ならほとんど見られなかった風景である。この調子では今にトマトの寿司、コンビーフの寿司、サンドイッチの寿司、トンカツの寿司など、創意創作が無暗やたらと現われ、江戸前を誇った勇み肌の寿司屋など跡を絶たねばならなくなるだろう。サンドイッチの寿司だって本当に現われないとは限るまい。飯とパンと同時に賞味できるからだ。戦前十年くらいまでは、京橋、日本橋あたりの目抜きの場所といえば、相当やかましい寿司屋もあり、やかましい食い手もあった。その当時、新橋駅付近に千成と名乗る嵯峨野の料理職人が、度胸よく寿司屋稼業を始め、大衆を相手にして、いつの間にか職人十数人を威勢よく顎《あご》で使って、三流寿司を握り出した。千成はデパートに真似て寿司食堂を造り、数多くのテーブルを用意し、一人前何ほどと定価のつく皿盛《さらもり》寿司を売り出した。この手は安直本位なので、世間にパッと拡がってしまった。そして遂には、東京中に寿司食堂が氾濫してしまった。江戸前寿司の誇りを失ったのはこの時からである。

さて、寿司らしい寿司にはどんな特色があるだろう。寿司らしい寿司というからには、もちろん一流の寿司であって、気の毒ながら大衆の口にはいる寿司ではない。今でも一皿、握りが七ツ八ツ盛られて、五十円とか八十円とかの立看板もあるが、これから話そうとする寿司は、そんないかさまものを指していうのではない。ただの一コが五十円以上百円の握りを指すのである。しかし、いかさまものの多いなかに、良心的な本物も何ほどかあって、私などは盛夏の食物に困りきっている時など、大いにそれで助けられ、大船《おおふな》から暑さを意とせず、毎日のように新橋へと足をのばしたものである。一流のマグロというものは、最高の神戸肉や最上のうなぎを何倍か上廻るほど値段の高いものであるが、食べてみればそれだけの価値をもっていることは、人等しく認めるところの事実なのだから、どうにも仕方がない。私など、健康への投資と考えて、夏中一流のマグロで暮すことになる。ところで、その一流のマグロを常に備えて、味覚の確かな客を待ちかまえている寿司屋というのは甚だ少ない。上物寿司屋を発見することは、お客にとってまた苦労のタネである。

寿司の上等もやはり材料が問題である。
1、最上の米（新潟・福島・秋田辺の小粒）
2、最上の酢（愛知赤酢・米酢）
3、最上の魚介類、大体において一番高価な相場のもの。
4、最上の海苔（薄手の草をもって厚く作ったもの）
5、最上の生姜《しょうが》（古生姜の良品、新生姜は不可）
以上の材料さえ整えば、まずうまい寿司はできるのである。にもかかわらず、最高の一手を打ち得ないのが一般の寿司屋である。

東京で見る寿司屋の看板のすべては（京阪地方においても同じ）握り寿司屋である限り、皆が皆「江戸前」なる三字を特筆大書している。江戸前の寿司というものは、よほど注目に価し、魅力に富むものらしい。握りが自慢になるのは、上方寿司の風情のみに堕し、生気を欠くところに比較してのことである。あえて「江戸前」と書く所以は、上方寿司と江戸握りとの相違をはっきりさせ、江戸前が断然うまい点を認め、その寿司を食べさせるんだというところにある。とにかく江戸前寿司は日本中に有名になったわけである。

江戸前寿司の上方寿司と異なるところは、材料、味つけ及び技法の相違にある。これは言うまでもないが、まず第一は生気のあるなしである。江戸前寿司は簡単で、ざっくばらんな調理法を用い、お客の目の前で生きのいいところをみせ、感心させながら食べさせるところに特色がある。それに、鮪の脂肪がすこぶる濃厚でありながら、少しも後口に残らぬという特長があって、正に東京名物として錦上花を添えている。このごろ京阪流箱寿司は、上方の何処《どこ》の地方にもはやってはいるが、なれ寿司を基調とする調理に意気のない野暮ったさが、即興に生きる江戸ッ子には、とんと迎えられる様子もない。私は当然のことと、あえて訝《いぶか》しく思わない。けだし江戸人と上方人との相違である。

しかし、今日どこにでもある東京の握りを真似したいかがわしいものでは、江戸前が残念がる。みだりに「江戸前寿司」と看板に標榜《ひょうぼう》する無責任さは叱責せねばなるまい。なにはともあれ、大阪の箱寿司が握りに圧倒されたのは、寿司食いの勝で、寿司屋の負けである。こんな有様をくやしがり、片意地を張って京大阪名代の寿司屋連が、握り何ものぞ、とばかりやり始めたのが、今日京大阪にみる大看板の握り寿司であるが、まるっきり問題になるものではない。猿真似というヤツで滑稽である。いわんや他の地方のものは、食えたものではない。なくてならぬしび鮪をはじめ、なに一つ材料になる適当な魚がない。その点が最大の原因となっている。だが、彼らにはそれが一向にわかっていない。

私は京都に生まれた関係で、京阪のうまいものはおのずから知ってはいるが、江戸前寿司の気力あるうまさには、さすがのお国びいきもかぶとを脱がざるを得ない。とはいっても、江戸前寿司を専業としている今日の東京の寿司屋、必ずしもうまいというのではない。何事によらず一概の論はよろしくない。

鰻にしても寿司同様、東京名物中の名物であるが、今日このごろでは、むかし通りの日本一であるとは言い難い。とは申せ「東京の鰻は蒸して焼くから、だしがらのようなもので決してうまいとは言えない」と、よく関西の鰻屋が貶《けな》しているが、聞くに堪えぬ我田引水だ。これは味覚の本領を衝いた上での話ではなく、無責任にきいた風なことを言っているだけのことで、論にならない。進歩を知らない鰻屋として、お気の毒なことだとしか思えない。鰻屋だからといって、決して鰻がわかるものではない例と言えよう。

東京の鰻にかかっては、大阪の原始焼は無条件降伏せねばなるまい。それにもかかわらず、直焼を誇るが如き、笑うに堪えたる陋習と言うべく、一刻も早く改めねばなるまい。のみならず、養殖の鰻をもって、鰻の論をぶつのは愚かと申すべきだろう。

寿司にしても、鰻にしても、その材料の良否如何のみによることが必要であろう。良い材料を使う寿司は、高いのは当然だ。高価を呼ぶものにはそれぞれ理由がある。その理由をわきまえず、単に金高のみに拘泥して驚くのは野暮である。高い寿司には高いだけの理由があって、無暗に金ばかり取るのは、どこにもないようだ。寿司の相場も実のところ味覚に通じた客人が決めているとも言える。

店つきの風格、諸道具、材料及び原料、衛生設備、その他職人、女中にしても一流好みを狙い、すべてが金のかかった業態をして、さあいかがと待ちかまえているかいないかがうまい寿司、まずい寿司、安い寿司、高い寿司のわかれ目である。

ところで、かような高級道楽食いの店を、新橋界隈《かいわい》に求めて一体何軒あるだろうか。もちろん立食いそのままの体で良くできている店というならば、何軒でもあるにはあるが、実際には〝羊頭を掲げて狗肉《くにく》を売る〟たぐいが大部分である。ことに近ごろ流行の、硝子囲いに材料を山と盛り、お客さんいらっしゃいと待ちかまえているような大多数の店は、A級寿司屋とはいい難い。

さしずめ新橋あたりを例に、私の趣味に合格する店は二、三軒であろう。その一軒に近ごろ立上った「新富本店」及び終戦後直ちに店開きした「新富支店」がある。この本店はその昔、意気軒昂《けんこう》で名を成した名人寿司として有名なものであったが、キリンも老いてはの例に洩れず、ついに十分の生気は消え去ってしまった。

それからみると、支店の主人みっちゃんは年齢四十の働き盛り、相当の腕を持っているところから、ようやく認められつつある。本店の方は前述の如く昔日の俤《おもかげ》はないが、支店特異の腕前は現在新橋辺の寿司屋としては、まず第一に指を屈すべきで、本店の衣鉢《いはつ》は継がれたわけである。しかし支店みっちゃんの方はうまいにはうまいが、旧式立食形なる軒先の小店で狭小であり、粗末であり紳士向きではない。ただ口福の欣《よろこ》びを感ずるのみである。

しかし、本店のおやじがジャズ調であるのに反し、支店は地唄調というところで、いとも静かな一見養子風の歯がゆいまでにおとなしい男。毎朝魚河岸に出かけ、帰るや直ちに仕込みにかかる。飯が炊けて客を迎えるまでには相当時間を要し、正午に間に合うことは極めて稀で、二時ごろ表をあけるのが日常となっている。一人の小僧も小女もいない一人きりの仕事だからである。妻女はあっても子供の世話か何かで二、三時ごろでなくては出勤しない。茶を入れるくらいの手伝いで、おやじを助けるところが関の山である。

しかし、一利一害あって、それなるが故に全く一人芸の表われがあり、個性的な点から言えば申し分ないが、手が回らぬという恨みが伴い、その結果、大切な飯の出来がいつも不完全で、私は何度注意したか分らないが、今もってその弊は続いている。命取りだ。

次が西銀座にすばらしい店舗を持つ「久兵衛」である。この店の主人は珍しく人物ができていて、寿司屋にしておくのには惜しいくらいの男である。幼少から寿司屋として育って来たため、それなり寿司屋になっているが、もし大学でも出ていれば現在は少なくとも局長、次官はおろか大臣級になっていたかも知れない。ともかく、苦労を積んだ、頭の良いできた人物と言えよう。その気骨《きこつ》稜々《りょうりょう》意気軒昂たる気構えは、今様一心太助といってよい。こちらがヘナチョコでは、おくれをとって寿司はまずいかも知れない。そんな男であるから、気難し屋で鳴っている鮎川義介翁に早くから認められ、戦時中ことに戦後は鮎川翁のひいき大なるものがあったようである。

寿司屋としての店頭は、古臭い寿司屋形式を排し、一躍近代感覚に富むところの新建築をもって唖然たらしめるものがあり、高級寿司屋を説明して余りあるものがある。しかし表構えはただ「久兵衛」と書いてあるのみ、寿司屋とも何とも表現していない。何知らぬ者にはちょっと飛び込み難《にく》い様相を呈し、遅疑逡巡《ちぎしゅんじゅん》、終には素通りする者も少なくなかろう。それがため、店内に居並ぶ客種は普通の寿司屋にみるように、A級、B級、C級と混合していないのが特色である。

A級に非ずんばB級といった具合で、夜となく昼となく、すさまじい勢いで繁昌この上もない。恐らく東京にある寿司屋をしらみつぶしに調べても、昼夜これほど一流人が店内に充満している店は「久兵衛」をおいてほかにはないであろう。これは寿司そのもののうまいこともさることながら、久兵衛の人間的魅力にひかれて来るんだとみて間違いない。頭が良く厭味のない久兵衛の人そのものに惚れて通って来る者ばかりと言って過言でない。

しかし、設備は十分、主人は面白いが寿司そのものの作品価値をどの程度に持ってゆくかを検討すると――これを私はいろいろの点で究明しようとするのだが――まず何処へ出しても、決しておくれをとるものでないということは確かである。しかし、残念ながら新富支店に劣る点なしとは言い難い。

材料――主として魚介の目利きの点においては、ある程度みっちゃんが優れているように思う。と言っても、双方それぞれに特徴があって、米を炊かしては断然久兵衛が優れている。海苔を買わせても彼が優っている。新富みっちゃんは魚をみることに私は感心している。なかなかの目利きであるが、どうも海苔の選定と飯の炊き方は久兵衛に劣ると私はみている。その理由は、みっちゃんという人物が元来大阪、京都で育っている人間であるため、海苔選定にはどうも目の利かないところがあって、玉に傷というところである。用いるところの酢はというと、双方ともまず似たりよったりで大差はないが、酢加減となると、赤酢ばかり用いるみっちゃんに旗を挙げていい。

そこで両者の甲乙を論ずるに当り、無くては叶わぬ鮪の場合を注目してみよう。これはみっちゃんの独擅場《どくせんじょう》である。ただ、飯の握り方には遺憾な点がみっちゃんにあって、第一大きすぎる恨みがある。久兵衛のは贅沢寿司として文句なし。握り工合はほどよい特色を有し、酒の肴になる寿司である。もし久兵衛が鮪の選択をさらにさらに厳にし、切り方を大様《おおよう》に現在の倍くらいに切ったとしたら、それこそ天下無敵であろう。

彼には彼の寿司観があって、結局鮪はそう大きく切るものではない、という先入感を信念として、魚の切り方には、彼の気骨にも似ず貧弱な切工合が見られる。

恐らくそれは、彼が幼少育ったみすじという寿司屋の影響によるところが大であると考えられる。このみすじという寿司屋は、かつて宮内省等への出前、何百人という出前を扱った寿司屋であるというから、名人芸を云々するより、むしろ事業的に成功した寿司屋であったように思われる。そこで育ったのが久兵衛で、彼に名人芸があるとすれば、これは生得で主人から教えてもらったものではあるまい。それで魚肉を薄く切る陋習が今に残っているものだと思う。

およそ先入観とは恐ろしいもので、誰であっても、一度身についた先入観は容易に改められないものである。ある時寿司台の前に座す客が、彼に「もう少し厚く切ってくれ」と希望を言った。彼は「寿司ですからね」と言い切った光景を私は隣席で見たが、遂に彼は改めなかった。鮪というものは無暗に厚切りするものではないという彼の信念が表われていて面白い。

そこへゆくと新富支店は、本店の主人に従っていたためかいささか、この方にイナセな名人肌というものを受継いでいる。鮪の切り方が第一それである。

戦後のこと、魚河岸に鮪が二本か三本しか来なかったといって、普通の店舗に入らなかった場合にも、この店には堂々たる鮪が備えてあった。他の寿司屋ではそうはいかない。久兵衛も鮪となると平均してみっちゃんには及ばない。この一心太助にして、これは如何なるわけかといささか懐疑の念を抱かざるを得ない。

しかし、寿司はよき飯あっての寿司だと言える。飯の水加減が悪かったりすれば、結果は寿司になるべき第一義が失われる。鰻屋の飯、寿司屋の飯は生命である。この飯をおろそかにしたのでは寿司にはならない。良き飯を炊き、良き寿司を作らんとすれば、一人仕事では駄目である。毎朝魚河岸からもってくる魚、あなご、貝等にはいろいろ手のかかる仕事が多い。こはだの如き、あじの如き、いずれも寿司のタネになるには、小さな魚に大そうな手数がかかる。これを一人で処理するのは所詮無理である。このように寿司屋の下仕事は沢山ある。支店みっちゃんのように下仕事する者皆無で、それを処理せねばならぬところに無理がある。そのために、飯がうまく炊けないという結果が生じてくるのだ。誠に歯がゆいような話である。

助手一人使わない。小女一人使わない。女房の手伝いすら大して受けない。これでは仕事の伸びようはずがない。これだけの技倆を持ちながら、このままで小さく終ってしまうのは惜しいように思われる。もっと多くの人を欣ばせ、もっと多くの人を楽しませたらどんなにいいだろうと思うが、人間の器量は別で、これ以上伸びなければ仕方がない。

そこへゆくと久兵衛は全く違い、性闊達であり、その明快な性格に人はおのずから惚れ込んで、彼の店にお百度を踏みつつあるのが現状だ。寿司屋久兵衛の魅力は大したものである。寿司の魅力すなわち人間の魅力である。

しかし、ここでわれわれが考えさせられることは、新富支店みっちゃんの場合、遠慮のかたまりの如く細々としながら、どぎった寿司を作るということ、ここが面白いところである。久兵衛の如き堂々たる人間が必ずしもどぎった寿司を作らないという点を、われわれは訝しく考えるのである。か細く見える人間が、ふてぶてしい作品をなし、たくましい久兵衛の如きが細々としたみっちゃんに及ばないという一点あることは、ひっきょう彼ら両人を作った教育環境が大きく影響しているものと考えて良いであろう。

しかし、かくの如き酒の飲める寿司ができたのは戦後である。戦前は茶で寿司を食っていた。何がそうさせたかと言えば、それは寿司屋が椅子に変ったせいである。

椅子がなければ昔のように立食いをしていたであろうが、現在では立食いの店構えを持ちながら椅子を置いている。椅子があれば酒が欲しくなる。これは終戦直後料理屋が不自由であり、いきおい料理が高額であったから、寿司で酒を飲むこと、ついでに飯を食うことを酒飲みが発見したのである。

これならいろいろの魚が食えて、飯も食えるから料理として満点である。高級料理屋では、自分の好きなものばかり食うわけにはいかないが、寿司屋では、まぐろ、あかがいを食うというように、いろいろなものが食える。この点、食物の自由がある。従ってこれほど重宝なものはない。しかしこれは、寿司屋と呼ぶより、自由料理屋と呼んだ方がふさわしいように思う。従来とは全く様式の異なった新日本料理が生まれたのだ。

うまい豆腐の話

うまい湯豆腐を食べようとするには、なんと言っても豆腐のいいのを選ぶことが一番大切である。いかに薬味《やくみ》、醬油を吟味してかかっても、豆腐がまずければ問題にならない。

そんなら、うまい豆腐はどこで求めたらいいか？　ズバリ京都である。

京都は古来水明で名高いところだけに、良水が豊富なため、いい豆腐ができる。

また、京都人は精進料理など、金のかからぬ美食を求めることにおいて第一流である。そういうせいで、京都の豆腐はうまい。

一方、東京では昔「笹《ささ》の雪《ゆき》」などという名物の豆腐があった。これもよい井戸水のためにいい豆腐ができたのだが、今は場所も変って、僅かに盛時の面影を偲ぶばかりだ。

東京は水の悪いことが原因してか、古来豆腐の優れた製法が研究されていない。そんなわけで、昔も今も東京でうまい豆腐を食べることはまず不可能だ。それに、よい豆腐をうまく食うための第一条件であるいい昆布が、東京では素人の手に入りにくいから、なおさらむずかしい。

それなら、京都の豆腐は今なおどこでもうまいかというと、どっこい、そうはいかない。

今日では、水明の都も、水道の水と変り、豆をすることは電動化して、製品はすべて機械的になってしまったのみならず、経済的に粗悪な豆（満州大豆）を使うようになったりなどして、京都だからとて、うまい豆腐は食べられなくなってしまった。

ところが、わずかに一軒、京都の花街、縄手四条上ルところに、昔ながらの方法を遵《じゅん》奉《ぽう》して、よい豆腐を作っている家があった。

その家の豆腐の作り方は秘法になっていて、うかがわんとしても、うかがえないことになっていた。ところが、私は運よくその家の主人の了解を得て、家伝の秘法を授けられることになった。おかげで、本家本元の豆腐に勝るとも劣らぬ豆腐ができるようになった。それも一に、私の家に豆腐に適するすばらしい良水が湧出したためであった。

いかに、京都で秘法を授かって来ても、良水を欠いたら、いい豆腐はできなかったであろう。残念ながら、縄手のこの店も、今はなくなってしまった。

良水に恵まれ、原料としての大豆を選択し、製法を飽くまでも機械にたよらず、人手で努力することによって、私もすばらしい豆腐を作れるようになった。

豆腐そのものがよいから、生《なま》の豆腐にいきなり生醬油《きじょうゆ》をかけて食べても、実にうまい。

あえて煮るまでもない。焼豆腐は言うに及ばず、揚豆腐にこしらえても、飛龍豆《ひりゅうず》にこしらえても、これが豆腐かと疑われるばかりにうまかった。

湯豆腐に舌鼓を打って楽しまんとする人は、こんな豆腐を選ばなくてはならない。嵯峨《さが》の釈迦堂付近、知恩院古門前、南禅寺あたりの豆腐も有名だが、いずれも要は、良水と豆に恵まれたせいだろう。

湯豆腐の材料

湯豆腐を作るには次のような用意がいる。

一、土鍋　土鍋があれば一番よいが、なければ銀鍋、鉄鍋の類でもいい。その用意もなければ瀬戸引き、ニュームなどで我慢するほかはない。が、これらは感じも悪いし、煮え方がいらいらして面白くない。

こんろか火鉢にかけてやる。

一、杉箸　湯豆腐を食べる箸は、塗箸や象牙箸のようなものでは豆腐をつまみ上げることができないから、杉箸に限る。すべらないので、豆腐が引き上げやすい。銀の網匙《あみさじ》などがあれば十分である。

一、だし昆布　水の豊かにはいった鍋の底に一、二枚敷いて、その上に豆腐を入れて煮る。昆布の長さ五、六寸。昆布は鍋に入れた場合、煮え立って来ると湯玉で豆腐の乗った昆布が持ち上げられる恐れがあるので、切れ目を入れておくようにする。

一、薬味　葱の微尽《みじん》切り、蕗の薹《ふきとう》、独活《うど》、ひねしょうがのおろしたもの、七味唐がらし、茗荷《みょうが》の花、ゆずの皮、山椒の粉など、こんな薬味がいろいろある方が風情があっていい。この中で欠くことのできないのは葱だ。他のものはその時の都合と好みに任せていい。

それからよく切れる鉋《かんな》で薄く削った鰹節適量。食事前に削るのが味もよく、香りもよい。

一、醬油　上等品に越したことはない。醬油に豆腐をつける前に、先に述べた鰹節だの薬味を入れていい。豆腐には敷いた昆布の味がついているから、おのずから味の調節がつく。なるべく化学調味料は加えない方がいい。

一、豆腐　（前項参照）

なお、もともと東京人は美食知らずであるから、仔細に食を楽しむという人はきわめて少ない。地方にだって、美食に恵まれた都市もあれば町、村もある。志のある人は、諸地方の美食を参考にして、仔細に楽しまれるとよい。

椎茸の話

どこの国、いずこの地方に行ってもお国自慢というものがある。歴史、人物、料理、産物など、時に応じ、人によってお国自慢の仕方も違う。生椎茸を例にとるなら、やはり例外でなく、京都の人は「京都の生椎茸はどんなもんだい」と誇りがましく言うし、地方の人も「お国の山の椎茸は必ずしも京都に劣らぬ」と負けてはいない。生椎茸に限らず、他のどんな産物でも、時間を少しでも経過したものはそれだけまずくて駄目だ。お国自慢をする人は、それぞれ皆取りたてを食べているから、古いのと比べてみて、そう言うのだろう。どんな椎茸でも古くなっては駄目で、新しいものでなければいけない。

しかし、そうは言っても、大分県あたりで取れる椎茸は実に見事で、日本一と叫んでもいいだろう。大分の椎茸は本当の椎の木にできた椎茸なので、皮が黒くなめらかで、香りや味がすばらしい。関東で賞味している椎茸は、実は椎の木にできたものではなく、櫟《くぬぎ》の木にできたものだから本当にうまいとは言えない。椎茸のかさは、そのできる木の皮に似る性質があるので、櫟の木にできた椎茸のかさは櫟の皮と同じようになっており、椎の木にできた椎茸は椎の皮に似ている。

さて、櫟椎茸だが、これは噛みごたえがあるという特徴はあるけれども、椎の木にできた椎茸のように香りがない。所詮椎の木にできた椎茸にまさるものなしと言えよう。

お米の話

近頃は以前のように、やれ播州《ばんしゅう》の米がうまいとか、越後米《えちごまい》に限るとかいうような話はあまり聞かない。ただ米でありさえすれば有難がる御時世ではあるが、しかし以前でも、米の味に詳しいという人は少なかった。

うまい米と言えば、その昔朝鮮で李王さまにあげるために作っていた米がある。これはすこぶるうまかった。収穫は非常に少ないが、米粒の形もよく、見たところもきれいな米であった。ただし、あまりうますぎて、副食物が御馳走の目的の場合には使えない。うますぎるというと変に聞こえるかも知れないが、元来米というものは、うまいものである。うまいものの極致は米なのである。うまいからこそ毎日食べていられるわけなのである。特にうまい米は、もうそれだけで十分で、ほかに何もいらなくなってしまう。

ことに、ライスカレーなんてものに使う米は、少しまずい米でないといけない。たとえば玄米だ。

玄米は白米とは別な意味で非常にうまい。玄米の御飯に御馳走をつけて出すのは蛇足である。漬物でもあれば十分である。だから、いくらうまいといっても、料理の後では邪魔になる。

ところが、一般の家庭はもちろんのこと、多数の料理屋がこの御飯というものについて、とても注意が足りない。

料理屋がそうだから、料理人は皆そうである。料理長というものは板前といって、俎の前に座って刺身ばかり作っている。本当の料理人ならば、かりに自分で飯を炊かなくとも、飯がうまく炊けたかどうかということについて、相当気になるはずである。なぜなら、折角いい料理を作っても締めくくりに出る飯がだめだったら、すべてがぶちこわしになってしまうからである。

ところが、料理屋というものの多くは、酒飲み本位に工夫されているために、大抵の料理人は自分の受持の料理さえ出してしまうと、後の飯がどうであろうと、一切お構いなしで帰ってしまう。それでは料理人としての資格はゼロに等しいと言われても、彼らは一向に頓着しない。理想がないからだ。

一般に飯炊きというと、料理人ではなく、雑用人として、一段と下った仕事として扱い、ろくな給料も出していないが、ずいぶん間違った話である。

だから、星岡茶寮時代、私のところへ料理人が来ると、君は飯が炊けるかと第一に聞いてみる。なかなか自信をもって、答のできるものはいなかった。

とにかく、飯は最後のとどめを刺すものであり、下戸《げこ》には大事な料理である。料理をするほどの者が、自信をもって飯が炊けないということは、無茶苦茶な振舞いであり、親切者とは言えないことになる。

それにもかかわらず、料理人は自分の苦労の足りなさを棚に上げて、飯を炊くということは、何か自分の沽券《こけん》にかかわるものの如く考えているらしい。浅ましい話だが、それでは先生は御飯をお炊きになりますか、と聞く者があった。私は言下に炊けると答えた。

料理人は飯なんてものは、無意識のうちに料理ではないと考えているらしい。ところが、飯は料理の一番大切なものなのである。料理ではないと思うところに根本的に間違いがあり、まずい飯ができるのである。

洋食でパンの良否を問題にしたり、焼き方を問題にしたりするのと全く同じなのである。だから、飯は料理ではないという考えを改め、立派な料理だと考えなければならない。

この意味で、料理人は飯の炊き方に注意しなければならない。私は断言する。飯の炊けない料理人は一流の料理人ではない。主婦、女中、飯炊きについても、同じことが言えるのである。

世界食べある記

欧米料理と日本

三月中旬（昭和二十九年）には日本を発《た》って、アメリカからヨーロッパを回ってくる予定で、いま準備中である。自作陶芸の展示会を欧州各地で開き、文化交流のために一役買って出るというのが一応の目的になっているが、ヨーロッパ旅行の魅力は本場フランス料理、イタリヤ料理、ベルギー料理などをつぶさに吟味して来るということにある。パリに着いたら、新聞に広告でもして、料理に関する古本や食器など集めてみたいと思っている。

しかし、私はフランスその他の料理に余り多くのものを期待してはいない。〝欧米諸国の料理に失望す〟というようなことになるであろう。まずい魚介、まずい肉、まずい蔬菜《そさい》といった材料ではなにができるものでなし、心に楽しむ料理など、もとよりでき得るものではない。しかし、なんとかものにしようと苦心し、工夫しているのがヨーロッパや中国の名料理であるようだ。そこには無理がともない、愚劣が生じ、人意の単調もうかがわれて怪しいものである。かりに口になじむとしても、目に訴えて、心を喜びに導くような美しさは望むべくもないようだ。

アメリカの人工料理、これはテストするまでもなさそうだが、ヨーロッパ料理は一応テストに価しよう。

今までの国外にのみ心酔する輩は、多く日本を知らない。体当りの経験の乏しいために、日本の料理の真髄を知らない。スープはできても、味噌汁はできない。パンの良否は分っても、飯のうまさはわかっていない。これが今の日本人であろう。私は日本人に、日本の食物に目を開かせ、日本の持つ良さを理解してもらいたい一念からヨーロッパに食行脚するのだともいえる。もとより欧米料理をも正しく理解し、誤って買被りのないよう、毛嫌いして本質を見失うことのないよう、私の口で直接テストしたところ、私の目で見たところをいずれは披露したいと思っている。

食物というものは、人間の体を作る餌であり、心にもひびき、おおらかにもなり、貧しさをも作る原動力として生きるからである。

日本料理の場合は、有難いもので、材料は数知れないまでに豊富、その美味はいわゆる山海に満ちている。どう工夫しなくても、まず目が喜ぶ。鼻も口も楽しみきる。日本は食物に恵まれている。日本の魚介、こんなものが仏・伊にあるであろうか。これをじかに自分の目でテストし、吟味しに出かけるのである。私の渡欧の楽しみはこの一点にあると言いたい。欧米人が日本のように、刺身を食う習慣のない理由は、言うまでもなく、生《なま》で賞味できる魚がないからであろう。米人でさえ生のオイスターを自慢で食うところをみると、うまければ生でも食う証拠である。今に諸外国の人間が日本に来ることは、日本の刺身が食いたいためである、と言われるまでに至るであろうことが想像される。

しかし、私がこういうことを考えていることが当っているか、あるいは全く誤っているか、今のところ余り偉そうには言えない。それだけに楽しみがある。

今からはっきり言っておいて間違いなしとするところは、美の点である。フランス、ルーブル美術館長ジョルジュ・サール氏も同じことを私に言っていたが、日本料理の目に訴えてくる美しさは絶対のもので、まことに美しい。食器の美しさ、盛り方のデザイン、居室の美しさは、世界無比といえよう。この点は到底欧米では窺えないというのである。料理文化の進歩を認める話ぶりであった。

ハワイの食用蛙

小島政二郎君

僕の作品展示会の模様は、後便で記事の出ている新聞と一緒に送りますから、それを御一覧ください。

ここではアメリカで食べたお料理のことをざっと書いて御覧に供しましょう。飛行機がハワイに着くと、与田《よだ》さんが迎えに来てくれて、ホノルルの本町通りで自身経営しているシティ・グリルというのへ連れて行かれ、ここでアメリカにおける最初の食事をとった訳です。食用蛙の脚をオリーヴ油でフライにしたのを出されたが、これはなかなか美味でした。

食用蛙は、日本でも盛んに使われていますが、なんのこともなく、別においしいとも思ったことはありませんでしたが、シティ・グリルで試食してからというもの、食用蛙に対する認識を新たにしました。それで、アメリカ本土へ渡ってからも、興味を持って機会あるごとに食べてみましたが、サンフランシスコ、シカゴ、いずれも駄目、食用蛙はシティ・グリルにとどめをさします。

ハワイは、意外に食べ物のうまいところで、アロハ飛行場で出されたアイスクリーム、コーヒーの素晴らしかったこと。コクがあって、ネバリが強くって、あんなにうまいアイスクリームはついぞ口にしたことがありません。いまだに忘れ兼ねています。ハワイのコーヒー、これも素晴らしくいい。風土のせい、気候のせい、コーヒーそのものが頗る上等なのでしょう。その上、ミルクの味のいいこと。まさに近来の掘出し物です。

サンフランシスコでは、出迎えに来てくれた人たちに連れて行かれたグロットというイタリヤ料理店。魚市場の近くにあったので、これはうまいだろうと思った通り、ここの伊勢海老は日本の伊勢海老よりも寧ろ優れていはすまいかと思ったほどでした。わけてもここのサラダが優秀でした。殊に、サラダ菜の歯当りがサクサクとしていて、しかも味があって、日本ではとても食べられないものの一つでしょう。

しかし、外国はどこの国の料理でも、食器と盛り付けの点で落第です。どんな一流の店でも、実につまらぬ食器を使って、盛り付けになんの注意も払っていません。鍋やフライパンから無造作に皿へザーッとあけて平気でいます。目に訴える美感について鈍感なのに驚くほかありません。この点、盛り付けを含めて日本料理の高さというものは、世界無比だと思います。食物は単に舌だけで味わうものではなく、全感覚を喜ばせるものでありたいとする日本人の食美学は、実に世界の最高を行くものだと思います。言うまでもなく、店構えも立派、すべてが清潔ということも第一条件でありますが、それだけで終っているアメリカ料理の奥行きの浅さを僕は感ぜずにはいられませんでした。

サンフランシスコからシカゴへ飛ぶ飛行機の中でサーヴィスされたジュースのうまさ、日本で売っているジュースなど、ジュースにあらず。サラダ菜も頗る美味、これはアメリカ菜ではなく、イタリヤ菜の由。

まだ牛肉、豚肉、魚のうまいのに行きあわず。シカゴの話は後ほど。取り敢えず以上を飛行便に託します。四月三十日、草々。

（ニューヨーク・プリンス・ジョージ・ホテルにて）

アメリカの牛豚

小島政二郎君

シカゴの話の続きを書きます。シカゴでは、もう一軒、アイルランド人の経営している料理屋へ行ってみました。ここはやはりロブスター（伊勢海老の類。ただし伊勢海老には鋏《はさみ》がないが、ロブスターにはザリガニのように大きな鋏がある。鋏の大きさ、全身の三分の二くらい）の料理を売物にしています。

水族館のように、ガラスのケースの中に塩水を満たし、それがロブスターの生簀というわけです。客はガラス越しに見て、好きな大きさの奴を選べば、それをすぐ料理してくれる仕掛けになっていますが、味はサンフランシスコのグロット（イタリヤ料理店）で食べた伊勢海老とは比較にならず。ロブスターは頭が大きいから、もしかしたら脳味噌がうまいかも知れないと思い、食べてみましたが一向うまくなく、肉は締り過ぎていて味がありません。

さて、ニューヨークですが、ここでも土地の人が最初に案内してくれた家は、アイルランド料理店。ここはカフェテリア式の店で、前もって作ってある肉やサラダを、客が陳列してあるところまで行って、好みに合ったものを自由に取れるようになっています。これでは料理の生命ともいうべき新鮮さがなく、不潔感さえあって僕は食べる気になれませんでした。そこで、特に注文してビーフステーキを焼いてもらいましたが、日本の牛肉の方がはるかにうまい。ただし焼き方は割にようござんした。驚いたことに、ビーフステーキの大きさは日本の三倍もあり、二人で十三ドル五十セント取られました。

概してアメリカの牛豚類の肉は、うまくありません。辛うじて小羊の脇腹の肉が合格程度。ミルクもタマゴもよろしからず。

ニューヨークについての最初の印象は、アメリカ人の食欲の旺盛さと、食べ方の実に事務的なことです。

例えば、マンハッタンですが、町の一ブロックの角は必ず薬屋《ドラッグ・ストア》が占めています。ここでは御存じのように、薬ばかりでなく、郵便切手、日用雑貨からソーダ水、アイスクリームなどを売り、軽い食事もできるようになっています。店の左側がスタンド式の食堂という作りが多い。見ていると、客は大抵ハンバーグとケーキ、それにオレンジジュース、このくらいのものを注文して、瞬《またた》くうちに食べてしまうと、さっさとまた雑踏の中へ紛れ込んで行きます。

ここで満腹するには二ドルまでは掛かりません。朝食の場合ですと、トースト十セント、ハムエッグ三十セント、それにコーヒー二十セント、これで十分です。

ニューヨークのイタリヤ料理店マルキ。ここでのお酒とソーセージのうまかったこと。これは大書するに価します。わけてもリング（鱈《たら》の類）という魚の空揚《からあげ》は忘れられません。肉離れがよく、外国にもこんなうまい魚があるか、と感心しました。この魚の大きさは一尺五寸から二尺ぐらい。

魚といえば、国連大使沢田廉三さんの公邸で御馳走になったシーバスの刺身は、ちょいと日本にも例の少いくらいおいしいものでした。

ここで相当名の知れた「都《みやこ》」という日本料理店。すき焼が出ましたが、お相撲さんのチャンコ鍋同然で、何も彼もゴッチャに煮ているのには驚きました。聞いたら、主人は新潟生まれ、東京も京都も知らず。参考のために僕がすき焼の模範を示したところ、

「ヘエー、すき焼というものは、そういう風にして作るものですか」

と目を丸くしていました。呵々。

五月二日にロンドンに向かって出発します。

（ニューヨーク・プリンス・ジョージ・ホテルにて）

デンマークのビール

小島政二郎君

ロンドンに向かう途中、カナダのグーズ・ベイ飛行場にて、天候回復を待つこと十二時間。

われわれ乗客のために、朝食に出たベーコンはうまかった。アメリカ・イギリス・フランス各国で口にしたベーコンのうち最上の味でした。

五月四日午前一時ロンドン着。三日間滞在。

イギリスの耐乏生活は日本のそれとは比較になりません。豊かな、羨望したいくらいのものです。なるほど、イギリス人は、見たところも実際も質素ですが、それはイギリス人にとってそうなので、日本人の目から見れば、羨ましいくらいの生活です。ハイド・パークの近所にあるデパートの商品などを例にとってみても、立派なものばかりです。

ロンドン子の歩き方の早いこと。活動性に満ちあふれています。

今までイギリスは食物のまずい国とされていましたが、聞くと見るとでは大違い。さすが古い国柄だけあって、アメリカなどとは比較にならないくらい格式があり、何かにつけて行き届いていて、味も優れています。

ロンドンに着いたら、何はおいてもビーフステーキを試食するのを楽しみにしていましたが、残念なことに、ここではまだ肉が配給制度なので思うにまかせず、まだこの念願は叶えられずにいます。私がロンドンを去ってから間もなく、統制が解除されたそうで、もう一ぺんロンドンへ引き返そうかと考えています。

ビール好きの私、相変らず毎日ビールを飲んでいますが、日本を離れて一番うまかったのは、ニューヨークのロシア料理店で出された「チュボルク」というデンマークのビールでした。このビールはコクがあって、日本のどのビールよりもうまいのはもちろん、アメリカ・イギリス・ドイツ・チェッコスロバキヤ・フランスのビールよりもうまい。アメリカのシュリッツというビールも、日本のキリンよりうまい。

アメリカに来ている日本のビールは、缶詰のアメリカビール程度にまずい。ここにおいて、ビールもまた新鮮を尊ぶことを知りました。アメリカで飲んだドイツビールは、評判ほど、うまくありませんでした。

これは、長い道中、船に揺られ、汽車に揺られて来るせいで、この長い間に大事なものが抜けてしまうのではないかと思います。「ビールは大壜《びん》より小壜の方がうまい」と始終言っていましたが、こちらに来て、いよいよ私のこの考え方が正しいことを確認しました。日本を一歩踏み出すと、どこの国でも全部小墦ばかりです。日本も一日も早く小墦主義にならなければ嘘だと思います。

五月七日パリ着。フランスのビールはとりわけまずい。これはフランスに良水がないせいでしょう。チェッコスロバキヤのビールは、ちょいと中将湯《ちゆうじようとう》のようなにおいと味とを持っています。ドイツのビールは、ここでも評判ほどうまくありません。この程度のものなら、何もわざわざビールのためにドイツへ行くまでもないと目下、思案最中です。

次便はいよいよフランス料理について。

（五月十五日、パリ・モンパルナス・オテル・ロワイヤルにて）

フランス料理について

フランス料理の声価は、世界第一のごとく誇大に評判され、半世紀以上に渉って、われわれ日本人を信じさせていた。フランスに派遣された役人たちによってである。考えてみると、だいたい皆が皆若輩で、もとより日本料理というものが、今までにどんなに発達して来ているか、てんで知る由もない連中ばかりであったからだ、とわれわれが想像して慨歎するのもあながち誤りではなさそうである。

上は大使、公使、下は貧乏画家青年、その皆が日本美食を通暁するはずのないことはいうまでもない。日本料理の真価というものがどこにあるか、ぶつかったこともなければ、気にもんだこともなさそうな人たちばかりである。その若人によって、無暗と誇大に、フランス料理は日本人に宣伝されてしまったらしい。いわゆる若気の至りというやつである。それが今回の私の外遊によって、憚《はばか》りながらほぼ明らかになった。私のテストでは、その料理の発達振りはバカバカしく幼稚なものであった。微妙な工夫、デリケートな魅力を持たねばならぬはずの「味」は、終に発見し得なかった。味のことばかりではない。まず見る目を喜ばしてくれる「料理の美」が全く除去されていて、まことに寂しい限りであった。

アメリカのように新しい国では是非もないが、仏・伊のごとき料理国がこれはなんとしたことだと驚くほど意外に感じたのである。しかし、何かと飾り立てているようなものもないではないが、それが総じて稚拙《ちせつ》であり、いわゆる児戯に等しいものであった。まことに意外であった。

「味覚」の点を多くの人々にあげて見ても一級二級三級と、ざっと十級くらいまでの開きがあろう。うまいとかまずいとかいっても、その人々によって大変な段階がある。甲が盛んにうまいうまいと悦に入っていても、乙はノーを叫ぶ場合も多々ある。きびしく吟味する者と、さほどにきびしくない者との相違であろう。その道の苦労の積み方にもあって、一概にいうことはできない。

さてフランス料理だが、世評が無暗と礼賛するほどの物ではないというには、やはりそれだけのわけがある。

では、その種明しをするとしよう。総じて何事も根本さえ飲み込むことができれば、枝葉の末端に道を求めまわっている無駄が省けるわけである。

まず「素材」の不良である。元来料理の良否は、素材の良否がものをいうのである。「まずい」素材をうまいものに是正するという料理法は由来発明されていない。「まずい」ものをうまく直すことは、絶対不可能という鉄則がある。

私が料理テストに歩いたところは、米・英・仏・独・伊であって、いずれも肉食国である。ところが、この肉食国に不思議にも日本のような良質の牛肉がないのである。ほとんど問題にならぬ悪質の牛肉が、欧米料理の素材として広く用いられている。これではうまい牛肉料理のできようはずがない。

次に魚類がない。絶無ではないが、日本に比して百対一といえる程度。肉がなくて魚がない。それでいて工夫が稚拙、料理の美を知らない。行儀作法に乏しいボーイ、辛うじて料理はオリーヴ油に助けられている始末である。

それにフランス料理に用いている食器は、世界一般の西洋食器であって、さすがにフランスだといったものが見当らない。過去においてどうであったか、四百年前の中国食器は立派だが、仏伊にそれがあったかどうか。それらしいものは、パリの骨董屋には見られなかった。食器と料理の価値は常に手をつないでいるのが本当であるが、仏伊はどうであろう。食器にひけ目を感じている料理でもいけない。料理にひけ目をとっている食器でもいけないのが本筋である。現在、フランス料理に筋が通っていないのは、その世界に乱れがあるのであろう。それかあらぬか、われわれがフランス料理から学びとるものはほとんどなかったといい得る。これは料理文化の低さを語るものであるが、根本は料理素材の貧困である。何処如何《いずこいか》なるところにあっても、第一番の気懸りは「良水」の有無である。良水を欠く料理、それが何を生むかは何人にもうなずける事実である。その良水がパリにないとのことである。ビールより高価な壜の水を飲んでいる市民である。次は肉食人に美肉が与えられていない。羊肉馬肉を盛んに食っている。豚は鎌倉に匹敵する良さを持っているが、鶏肉は雛であるから味の鳥としては推奨できない。しかも拙劣な料理法によって煮殺している魚介ときては、品種が日本の百に対して一、二であろう。蔬菜またしかりという次第。これではわれわれ美食家を満足させる手はない。抽象的な概説ではあるが、だいたいフランス料理というものはこんなものである。カタツムリなど珍しがって喜ぶ仏人、だいたい日本酒の半値であるワインを貴重にして飲み続ける仏人、これを礼賛して自己の名誉のごとく感ずる色眼鏡党、日本人の贔負客。いつになったら自分の識見で物を観、自分の舌で味を知ることができるのか。嗚呼。

すき焼と鴨料理
——洋食雑感——

かねて日本を出発する前から、フランスの鴨料理についてやかましく聞かされていた。それというのも、一方的な西欧礼賛が多く、ほんとうのところは分ったものではない、と私はひそかに考えていた。

フランスがどうの、アメリカがどうのと親切に話してくれる人たちが、日本のこととなると実はよく知らないのだから、話が初めから狂っている。

日本人にして日本を知らない連中が向うへ行くものだから、外国へ行っても日本のことを教えることができない。

これは日本のために大変な損失である。また外国のためにも損失である。

名物といえば、フジにゲイシャ、奈良では鹿にセンベイをやることしか自慢し、教えないのだから、向うの人間は日本について知る由もない。いわんや、日本料理など分るわけがないのである。

例えば、ニューヨークのすき焼が昔から有名であるが、行ってみるとすき焼でもなんでもない。桶のようにふちの高い鉄鍋の中で菜ッ葉を山のように盛り、見るからにまずそうな肉の幾片かを載せグチャグチャ煮ている。

それを日本通のアメリカ人が喜んで、家鴨《あひる》が餌を食うみたいにガボガボ食っている。

主人なる男は新潟在の出身で、どこをどうやってか移民船にもぐり込み、ニューヨークで人夫などしているうちに人の入れ知恵ですき焼屋を始めたらしい。

話してみると、新潟の町も東京も知ってはいない。そんな工合だから、道具など何も持ってはいない。店構えはとみれば、まるで田舎の博覧会みたいに飾りたて、部屋にはいかがわしい複製の錦絵などをはりめぐらしてある。

主人を呼び、私がほんとうのすき焼の作り方を教えると、

「へェー、すき焼というものはそういうものですか」

と感心している始末であった。

フランスの鴨の話にしても、話す人間が話に聞くだけで実際に行ってはいないらしい。なにしろ一羽一万円もするのであるから、初めから敬遠しているのである。趣味も食道楽もあったものではない。

向うで日本人が行くところといえば、場末の居酒屋みたいな小さな店である。しかも、

その小さなお店で〝学ぶ〟という気持だから自由な注文も質問もできはしない。

鴨料理の店「ツール・ダルジャン」のように堂々とした造りで、正装のボーイが鷹揚《おうよう》にかまえているようなお店では、声も出ないのだろう。

私が「ツール・ダルジャン」を訪ねて行ったのは、画家の荻須高徳氏夫妻、それに小説家大岡昇平氏と一緒の時であった。見渡したところ、フランス人よりも外国人の方が多いようだった。こちらは旅先のことでもあるし、高いといったって、一羽とって皆で分けて食べればいいというつもりではいってゆくと、タキシードを着用に及んだボーイが、銀盆の上で丸裸の鴨をジュージューやってスープを取っている。

早速ボーイが私たちのところへ持って来た鴨は、半熟にボイルしてあり、二十四万三千七百六十七番という由緒を示す番号札が添えてあった。ボーイは見せるだけ見せると、番号札を残して鴨を持ち去った。

私は案内の者に
「あんなことをしてちゃあうまく食えない。食ったところで肉のカスを食うみたいなもので、カスにうまい汁をかけているに過ぎない。他の客のはあれでよかろうが、こちらは丸ごと持ってこいといってくれ」

と頼んだが、案内人の荻須氏の言葉を聞いたボーイはただ笑っているだけで、ボーイ長に伝える気振《けぶ》りもない。

重ねて、

「料理屋で、身銭を切って食べるのに何の遠慮がいるものか。こちらがお客だ。もっと堂々と言ってくれ給え」。

そこで私は、生れて初めてのお芝居をやった。案内人を通じて、「このお客は日本の東京近郊に住んでいて、家の前に大きな池があり、その池に大中小の鴨を何千羽も飼っている。音に聞えた鴨の研究家で、鴨の食い方、鴨の料理にやかましい人だ。特に研究家としては有名だが『自分ではあの焼き方が気に入らぬ』といっている」と通訳してもらった。

上手にいえたかどうだか分らないが、ともかく存外素直に持って来た。果せるかな、半熟で丁度うまい工合に処理してあった。

これでよし。私はポケットに用意していた播州龍野《たつの》の薄口醬油と粉山葵《こなわさび》を取り出し、コップの水で山葵を溶き卓上の酢でねった。私の調理法がどうやら関心を買ったらしく、タキシードに威儀を正したボーイたちがテーブルの前に黒山のように並んで、成行いかにと見つめていた。あえてうぬぼれるわけではないが、かかる格式を重んじる店でこんな仕方で調理したのは前代未聞のことであろう。並いるボーイ連中の関心も当然のこととうなずかれる。

大岡氏は長らくニューヨークに滞在した後だったので、

「久し振りの日本の味だ。蘇生の思いがした。日本趣味のよさを改めて考えさせられた」と、たいへん喜んでいた。

ところが、出された葡萄酒《ぶどうしゅ》がまずい。これが葡萄酒かといいたいほどにまずい。それもそのはず、一本七十円ぐらいの安物だ。

こんな安い葡萄酒を好かぬ私は、

「上等のブランデーはないか」

とたずねた。すると、

「良いのがあるからどうぞ」

と地下室に案内された。

見ると、葡萄酒の壜がほこりにまみれて何万本も寝ころんでいる。その酒倉のちょっとした席で待っていると、

「わざわざこんなところに来てくださって光栄に存じます」

というようなことを言って、マネージャーのような人が持出したのが大変にうまかった。彼は
「お気に召したら、どうぞいくらでもお飲みください。プレゼントいたしましょう」という。

さすがにそのブランデーは上等であった。そこで同行の士が珍しがって杯を重ねると

よろしくないので、

「プレゼントだからといっていい気になって飲むのは日本人の恥だ」とたしなめた。

フランスでもやはりエチケットがあるのだから、有名なレストランだからといってわけもなく怖れることはない。

ちなみに、先ほどから鴨、鴨というが、それは昔の日本人が家鴨を鴨と間違えたのであろう。

ツール・ダルジャンの鴨も、実は家鴨なのである。

山葵醤油で食った家鴨は、家鴨としては相当にうまかった。

お茶漬の味

お茶漬の味

お茶漬の話に限らないが、料理というものは、財力豊かな人のものと、財力不自由な人のものとでは常に天と地ほどの相違がある。しかし、財力豊かで、刺身よかれ、牛肉よかれと、どんな材料でも、手に入れることに少しも不自由のない人が、贅沢料理に飽きて、簡単なうまいもので食事がしたいという場合がある。これは体内にお医者さまのいう栄養が満ち満ちて、生理上栄養が不必要になった時だ。かような時、茶漬で飯が食いたいということになる。

だが、ただの茶漬という分には差支えないが、贅沢なものの、特にもの好みして、何かうまい茶漬が食いたい意味で茶漬を要求する場合は、単に鮭の切身というわけにもゆかないだろう。鮭の切身といっても、いろいろあるので、ほんとうの新巻《あらまき》鮭が手にはいれば茶漬も甚だ結構だ。しかし、近ごろはそう特殊の新巻も手にはいるまい。そこら辺の店先で手に入れるとなると、鮭はうまいもの食いには承知ができず「ほかになにか……」ということになってくる。

沢庵《たくあん》のうまいのはないか、干物《ひもの》のうまいのはないかと詮議だてすることになる。あるいは鯛茶漬にしようか、という工合に金のかかる方法も考えられる。そういう手は財力が豊かでなければ自由にならない。ゆえに料理は貧富の差でさまざまの答が出てくるといえよう。

昔から婦人雑誌やラジオなどに出てくる料理研究家と称する人々の発表する料理は、贅沢料理というよりも、大衆的であることを根本精神にしたものだから、贅沢者の参考にはなるまい。

そこで、私の語ろうとしているのは茶漬のみに限らず、（反感を持たれるかも知れないが）贅沢料理の話である。通の通たる人の喜ぶ話だ。現今の青年子女は、「金ばかり高くてそんなもの」というであろう。

そこでもう一つ、料理は貧富の差のみではなく、年齢の差で好みが変ることも考えてもらいたい。従って、一家族全部が感心するような料理はなかなかなく、年齢をわけて嗜好を合わせなくては満足がゆくまいと思う。いわんや、財力の乏しい人では、値段の高い普通聞きなれない料理には賛成できないであろう。

うまい料理は長年続けての習慣がつかなければ、うまいと分るものではない。それが分るようになるためには、相当の費用もかかる。しかし、だからといって費用をかけたから食物のうまさが誰にも分るとは限らない。食通といわれる人でも種々の段階があるくらいだから、一般ではなおさらである。結局、これは書画の場合と同じように、分かる人のみに分るのであろう。

さて、お茶漬の話だが、これにしてもそれぞれ段階があって、ただ飯の上に塩と茶をかけてうまい場合もあるし、鯛茶漬がうまい場合もある。体の状態によって、時々の好みが変ってくる。鯛茶漬が今日うまかったからといって、明日も明後日も続けたらどうであろうか。

要は、正直に自分の体と相談して、何を要求しているかを知るべきである。鰻がいいか、牛肉がいいか、あるいは沢庵の茶漬か、その時々の状態によって好むところのものを食しておれば、誠に自然で美味を感じる。が、これを自然にやらないで「高いものはうまそうだ」「安いものは食いたくない」といって選択しているのを見聞きするが、こんな考え方は、茶漬であっても一考を要する。茶漬を食いたいと要求する肉体が、自分の好きな茶漬を食えたらこんな幸せはあるまい。これがすなわち栄養本位といえよう。この理論は、茶漬に限らず、どんな場合にも成立する。

なんにしても食物のことは、自分の肉体や精神を作ってくれる根本問題であるから、その根本義を考えて、うまいものを食べればよいのである。よくよく考えてみれば、人の食物に対する要求は、結局肉体がその食物を要求しているので起こるといえる。

ところで、その要求だが、ふだん値の高い食物を食いなれていなければ、味を知らないので高いものを要求しないが、値段の高い食物で育ちつけた人は、その方が体に合うところから、うまい高価なものを要求する。

たとえば、東京では鮪《まぐろ》に高い金を出すが、食い道楽で有名な大阪の人たちは、鮪に金を出さない。これは昔から大阪に鮪の一級品が運ばれないので、鮪の味を知らないからである。

また食い物が、うまいものだけ食えるとか、まずいものしか食えないとかいうのは、その人の育った環境のせいであるから、これをいたずらに曲げてはならない。分相応でなければならぬ。もしそうでなければ、食い物の話はできない。口福は得られないということになってしまう。前置きはこのくらいにして、実際の話に移ろう。

納豆の茶漬

納豆の茶漬は意想外にうまいものである。しかもほとんど人の知らないところである。食通間といえども、これを知る人は意外に少ない。といって、私の発明したものではないが、世上これを知らないのは不思議である。

納豆のこしらえ方

ここでいう納豆のこしらえ方とはねり方のことである。このねり方がまずいと、納豆の味が出ない。納豆を器に出して、それに何も加えないでそのまま二本の箸でよくねりまぜる。そうすると、納豆の糸が多くなる。蓮から出る糸のようなものがふえて来て、かたくて練りにくくなって来る。この糸を出せば出すほど納豆はうまくなるのであるから不精をしないで、また手間を惜しまず、極力ねりかえすべきである。

かたく練り上げたら醬油を数滴落してまた練るのである。また醬油数滴を落してねる。要するにほんの少しずつの醬油をかけてはねることを繰り返し、糸のすがたがなくなってどろどろになった納豆に、辛子を入れてよく攪拌《かくはん》する。この時、好みによって薬味（ねぎのみじん切り）を少量混和すると、一段と味が強くなってうまい。茶漬であっても無くても、納豆はこうして食べるべきものである。

最初から醬油を入れて練るようなやり方は下手なやり方である。納豆食いで通がる人は、醬油の代りに生塩《なまじお》を用いる。納豆に塩を用いるのは、さっぱりして確かに好ましいものである。しかし、一般には普通の醬油を入れる方が無難なものが出来上がるであろう。

お茶漬のやり方

そこで以上のようにでき上ったものを、まぐろの茶漬などと同様に、茶碗に飯を少量盛った上へ適当にのせる。納豆の場合は、とりわけ熱飯がよい。煎茶をかけ、納豆に混和した醬油で塩加減が足りなければ、飯の上に醬油を数滴たらすのもいい。最初から納豆の茶漬のために練る時は、はじめから醬油を余計まぜた方がいい。元来いい味わいを持つ納豆に対して化学調味料を加えたりするのは好ましいやり方ではない。そうして飯の中に入れる納豆の量は、飯の四分の一程度がもっともおいしい。納豆は少なきに過ぎては味がわるく、多きに過ぎては口の中でうるさくて食べにくい。

これはたやすいやり方で、簡単にできるものである。早速、秋の好ましい食べ物として、口福を満たさるべきではなかろうか。

納豆のよしあし

納豆にはうまいものとまずいものとある。まずいのは、練っても糸をひかないで、ざくざくとしている。それは納豆として十分に発酵《はっこう》していない未熟な品である。糸をひかずに豆がざくざくぼくぼくしている。十分にかもされている納豆は、豆の質がこまかく、豆がねちねちしている。ねちねちしていないものは、手をいかに下すとも救い難いものである。だから、糸をひかない納豆は食べられない。

一番うまいのは仙台・水戸などの小粒の納豆である。神田で有名な大粒の納豆もうまい。しかし、昔のようにうまくなくなったのは遺憾である。豆が多くて、素人目にはよい納豆にはなっているが。

海苔の茶漬

海苔の茶漬は至極簡単だが、やっている人は少ない。缶詰や壜詰になっている海苔の佃煮には、いい香りの物は見られない。一年も二年も経って日増《ひま》せになった海苔とか、青海苔のまじった生《なま》海苔の屑だとか、いわば廃物をもってこしらえたのが缶詰や壜詰の海苔の佃煮である。悪いのになると、大部分青海苔であるから、青海苔の臭みと味とに満ちている。

本当においしい海苔の佃煮が食べたい人は、売物に碌《ろく》なものはないから、自前で作るよりほか仕方がない。

自分でこしらえるのは、生海苔の採れる時分に、生海苔を生醤油でごとごと、とろ火で煮つめることだ。生海苔の手に入らぬ土地の人は、もらいものの干海苔などを醤油で煮ればよい。煮つまらなくて、醤油がだぶだぶしているような煮方はまずい。そのねちねちと煮えたやつを、熱い御飯の上にのせて煎茶をかける。それに少量の山葵を入れるそれだけでいいので、海苔の茶漬ほど簡単なものはない。酒の後などで食べるには、至極適した茶漬と推奨できる。

この茶漬をぜいたくに食べようと思う場合は、なるべくいい海苔を惜し気もなく使うべきである。海苔がよければよいだけのうまさがあるから、味をやかましくいう者はできるだけ上等の海苔を煮るがいい。

こういう海苔の茶漬は誰しもやっていることだが、これから私が話そうとするのは、もっと手軽な海苔の茶漬である。

それは、いい海苔をうまく焼いたものか、焼海苔のうんと上等のを熱い御飯の上に揉みかけ、その上に醤油をたらし、適当に山葵を入れて、茶をつげばよろしい。熱い御飯を海苔で巻いて食べる人は沢山あるが、焼いた海苔を茶漬にする人はあまり見受けぬ。一椀について海苔の分量は、せいぜい一枚か、一枚半を使う。これは朝によく、酒の後によく、くどいものを食った後にはことさらにいい。多忙の時の美食としても効果がある。

こんな茶漬を喜ぶ者は、通人中の通人に属するだろう。茶の代りに、かつおと昆布のだしをかけて食べるのもよい。これらは副菜の漬物を一切要しない。ぜいたくな泊り客でもあった際には、朝食に出すことである。もちろん、上等の煎茶を使用するにしくはない。

海苔の話が出たついでに、海苔の焼き方について一言申し添えておこう。

海苔の焼き方は、なかなかむずかしい手際の一つである。手際よく上手に焼かなければ、一帖百五十円の海苔も、五十円ほどの値打しかないような馬鹿な結果が生じる。手際一つで、百五十円の海苔を三百円の値打に上げることも、いや、いくらでも支払うよと人が喜ぶまでに焼きあげることもできる。それもこれも、焼く人の腕であり、その人の料理に対する教養がものをいうわけである。

海苔を焼くのに両面を焼くなとよくいわれるのは、海苔の貴重な香りが失せるからである。炭火も黒い中はガスが発生し、湿度が高いから香りを尊ぶ海苔が台なしになる。ぜひ備長炭《びんちょうずみ》の真赤に起こったのを用いるべきだ。

電気コンロが一番いいが、これもスイッチを入れて、すぐ海苔をかざすのはいけない。コンロの熱盤が含んでいる湿度がなくなるまで待ってから、焼く心得があってほしい。そうすれば、存外素人にもうまく焼けるものである。

焼海苔の専門家は昔は備長炭であったが、今では電熱器で焼いていることと思う。

話は別になるが、焼肉なども味をやかましくいう者は、肉の両面は焼かない。よく起こった火の上で片面を焼き、肉汁がにじみ出て来た時を見て、たれの中にひたし、さらに金網か、鍋の上に乗せるが、今度は焼くのではなく焙《あぶ》るだけでいいのだ。

すべて料理のうまい秘訣はこんなちょっとした注意にある。なるほどそうだろうと分ってみても、聞くだけではだめだ。直ちに、よし来たとばかり実行する人であってほしい。

塩昆布の茶漬

私の語るのは、ことわるまでもなく趣味の茶漬で、安物の実用茶漬ではない。そのつもりで考えていただきたい。

とは申しても、もともと昆布のことであるから、さして高価なものではない。ところで塩昆布だが、そこいらに売っているものでは先ず駄目だ。所詮《しょせん》昆布が良くて、これを煮る醤油がよくなくては駄目なので、この点、売物の仕入品などは適当でない。

この昆布は京都の松前屋、松島屋、東京ならば築地魚河岸の特品店、日本橋室町の山城屋とかが取扱っているものだ。つまりだし昆布の上等でなくては駄目なのである。京都には、こういう店はいくらもある。

醬油は⑪《ヤマサ》くらいでよいだろう。また塩味の好きな人は醬油に塩を加えるのもよかろう。塩を加えた昆布の佃煮は、塩でじゃきじゃきする。それまで煮つめるのがおいしい煮方である。しかし、直火ではなく、湯煎《ゆせん》で煮つめるのである。一段とうまく煮るのには、醬油一升を使うとしたら、その中に酒を三合ほど入れるがいい。酒のおかげでうまい塩昆布になる。煮た塩昆布をそのまま茶漬にするのも、もとより異存はないが、山椒の好きな人は山椒の実の若くやわらかい時に昆布と一緒に煮るといい。あるいは唐辛子などを入れるのもいい。または関西ものの「ちりめんじゃこ」を一緒に煮るのもいい。雑魚《ざこ》という原料の相違によって、東京のはたとえ昆布が良くても問題にならない。雑魚と昆布と煮たものは、魚の味と植物の味の関係でなかなかうまい。ただし、この場合の雑魚は小さなのを選ぶべきである。要するに、前述のどれでもいいが、例のごとく飯の上にのせて、煎茶の良いのをかけて茶漬とする。茶漬は、なにもかもが口にまずい時、例えば盛夏のように食の進まぬ時、最も適当な美食として働く。塩昆布などで茶漬をやる時は、沢庵漬など、むしろない方がいい。

塩鮭、塩鱒の茶漬

鮭と鱒《ます》とは、素人目には一見似たものではあるが、味からいえば鮭より鱒の方がはるかに優る。

鮭は淡塩があり、また柔らかいものがある。東京ではこれらの中から自由に選択することができる。この中で鮭の一番うまいのは新巻と称するものである。新巻などの場合は、焼いたものを茶漬にして食べるべきである。番茶ではちょっとまずいが、煎茶をかけての塩鮭のうまさはお茶漬中の逸品で、雑念をはらって没頭できるほどの味を持っている。鮭の茶漬は、まぐろやてんぷらのように飯の上にのせて茶をかけぬ方がいいようである。

鱒にも淡塩、濃塩など色々あるようではあるが、一見みすぼらしい板のようになった薄っぺらな方が茶漬には適する。これらはいかなる寒村僻地にも行き渡っている品で、一尾百円か、大きくても二百円くらいのものであろう。鉄錆を見るようにまっかになった塩鱒、これが鱒の中でも一番うまいようである。さてこの濃塩の板のようになっている鱒の肉をむしり取って、御飯の上にのせる。この際、忘れてならないことは、皮も一緒に御飯の上にのせて、その上からあついあついお茶をかけることである。

元来塩からい鱒のことであるから、この茶漬には塩をかける必要も生醬油をかける必要もない。鱒自身の塩加減で十分である。鮭は御飯の上にのせてお茶をついでも余りうまい汁は出ないが、鱒の方はとてもおいしい汁が出る。

この汁のうまさは、とても鮭の及ぶところではない。

ただ、注意しなければならないことは、腹の薄身のところは取りのぞくことである。鮭の新巻などになるとこの腹の薄身のところこそ、かえって一番味のいいところであるが、鱒の場合は苦くて味が悪い。鮭も鱒も皮を食べぬ人があるが、野暮な話といわねばならぬ。だから、食通は鮭の切身ならしっぽの方を選ぶ。これはしっぽの方がおいしい皮がたくさん付いているばかりでなく、肉の繊維が強いからである。従って歯ごたえが強く、中間の肉に優るものがある。

鱒の茶漬はうまくて五杯食べたとしても、その費用は五十円もかからぬくらいのものである。納豆の茶漬同様に食通を十分満足させるうまみを持っている。鱒の茶漬などと初めからバカにしてかかって、まだこれを知らない人もあろう。早速煎茶で試みてほしい。

よく大工や左官などが昼食に弁当を食っているのを見ると、吸物代りに弁当箱のふたや湯呑茶碗に鱒の切り身を入れ、熱湯を注いでいる。

これがすなわち速成鱒のスープで、なかなか結構な思いつきだと思う。

まぐろの茶漬

鯛茶漬は世間に流布され、その看板をかけている料理屋さえ出来てきた。関西ではもちろんのこと、東京でも近来よく見かけるようになった。また家庭にも侵入して実際に試みられるようにさえなっている。それなのに、鯛より簡単でうまいまぐろの茶漬が用いられていないのは、不思議な気がする。

鯛は関西がよく、まぐろは東京がいい。その意味からいっても、東京は鯛茶漬よりまぐろ茶漬の方を用いてしかるべきであろう。

東京にもし京阪のような食道楽が発達していたら、恐らくは今日までまぐろの茶漬を見のがしてはいなかったであろう。そういう筆者も、まぐろの茶漬は京都で覚えたもので、東京人から教わったものではなかった。今後の東京人は、鯛茶漬なんて関西の模倣をやらないで、堂々と江戸前のまぐろをもって、鯛茶漬に対すべきである。東京には関西のような美味な鯛がないからなおさらである。

茶漬の御飯

御飯の炊き方がやわらかく、ベタベタするようなのは一番いけない。寿司の飯の程度がいい。炊きたての御飯ではいけない。生暖かにさめた程度がいい。茶漬にもよりけりだが、魚の茶漬には冷飯は絶対にいけない。

お茶のだし方

かける茶は番茶ではうまくない。煎茶に限る。煎茶の香味と苦味とが入用である。少し濃い目の茶をかけると、調和がとれる。茶が薄くてはまずい。だから粉茶の上等がいいというわけになる。

粉茶のだし方は人も知るように、粉茶専用の小さなざるがある。これは寿司屋で使っているものである。それで、寿司屋の用いるように大目ざるに一ぱい程度入れて水をさす。なぜなら粉茶は茶の残りを集めたいわば茶のくずであるから、埃などがまじっていよう。これを洗滌する意味で、ざるの中に入れた茶に水をさすと、乳白色に水がよごれてこぼれてくる。これを捨て、ざるの中の粉茶に熱湯を注ぐ。この場合、熱湯を少しずつ注げば茶は濃くなり、ざあっと一気にお湯を注げば茶は薄くなる。熱湯の注ぎ方によって濃淡自在にお茶は加減できる。

お茶漬には熱湯を少しずつ注いだ濃い目のものを用いるのがよい。しかし、抹茶や煎茶にしても、最上のものを用いることが秘訣だ。茶が悪いと、茶漬の中になにがはいっていようが駄目である。

要するに、茶がよくなければ茶漬の意義がない。

茶漬のまぐろ

さて茶漬に用いるまぐろだが、しびまぐろがいい。

しびまぐろは、普通寿司屋で使っているまぐろのことである。まぐろのとろといって、白っぽいあぶらっこいところを喜ぶ。あぶらっこいところは、男の四十歳以前の好みである。四十歳以後になると、だんだんあぶらっこいものから嗜好が遠ざかる。

茶漬に用いるまぐろの材料も、とろ、中とろ、赤身と、好みによって選択すればいいわけである。

あぶらの少ない赤味は赤味でうまいし、あぶらの多いところはまたとろでうまい。まぐろの質さえ吟味すれば、各人の好みにまかせて材料をととのえるべきである。

しびまぐろのほかに、かじきまぐろだとか、きはだまぐろとかがある。これらを茶漬に用いても、決して悪いものではない。しかし、きはだとか、かじきは脂肪が少ないから、あぶらっこいものを好む人たちにはちょっと軽い感じである。老人向き、女人向きなどには、かえってこの方が適していよう。それも実験して、各自の嗜好にまかせればよいと思う。

お茶漬の作り方

茶わんに飯を盛る時、腹のすき加減にもよろうが、ぜいたくものは飯を少なく盛ることである。飯を多く盛ると、茶がたくさんはいらぬ。労働者の食べる茶漬は、飯がたくさんで茶の少ないのがうまい。だから大きめの茶碗がよい。ぜいたく者の茶漬は、飯が少なくて茶が多い方がうまい。飯の多い方の茶漬は番茶がいいが、飯の少ない方の茶漬には煎茶を可とする。

飯は茶碗に半分目、もしくはそれ以下に盛って、まぐろのさしみ三切を一枚ずつ平たく並べてのせる。それに醬油を適当にかけて加減する。大根おろしを一つまみまぐろのわきに添えればなおよい。

並べたまぐろの上に、徐々にかたすみから熱湯を、粉茶のざるを通して注ぐ。まぐろの上の片方から平均してまんべんなくかけてゆくと、まぐろの上皮がいくらか白んで来る。そうして御飯が透明な煎茶におおいかぶさり、上のまぐろが、茶にひたる程度に茶を注ぐ。

次に、まぐろを箸で静かに御飯の中におしこむようにすると、裏の方のまだ赤い色をしたところまでが白くなってくる。透明な茶は乳白色になり、醤油もまじって茶がにごってくる。まぐろからはこまかな脂肪が茶の上に浮いてくる。おろしもまぜて、最後にわさびをのせて口へ運ぶと、いよいよ茶漬本来のおいしい味が茶碗の中にこもってくる。まぐろを半熟以上に熱しては、美味は失われてしまう。もっと味を濃くしたい人は、ここで茶碗の蓋《ふた》をしてしばらく静かに放置し、中に十分に味がこもるのを待って、濃淡好みの茶漬とした上で、口にかきこむ段取りとなるのである。

どちらかといえば、蓋をしない茶漬の方が茶の香気も高く、熱く、まぐろも熱し過ぎないのでおいしいのであるが、蓋をする方は、飯がほとびていけない。その上まぐろが熱し過ぎるというのは野暮である。まぐろの生《なま》っ気を好まない人は余儀ないことであるが、前者のやり方の茶漬に越したことはない。

この茶漬は、他になに一つ惣菜を用いる要なく、最後に一切れの香のものを添えて、ぜいたくな味を満足させれば足りる。

まぐろ茶漬のわさびは、お茶を注ぐ前に飯茶碗の中に入れては、辛さが消えてしまう。お茶を注いでおいて、最後に入れてまぜて食べる方が、わさびのききめがある。

てんぷらの茶漬

てんぷらの茶漬は油濃いもので、油濃いものの好きな方に好かれるのは無論である。揚立てのてんぷらを茶漬にするのはもとより差支えないが、本来てんぷらの茶漬は古いてんぷらの利用にある。昨日の残りのてんぷらだとか、一たん冷え切ったものを生かして食う食い方である。

それにはまず火鉢に網をのせ、一たんてんぷらを火にかける。いくぶんの焦げができるくらいに火をあてる。それを熱い飯の上にのせ、塩を適宜にかけるのである。

前にまぐろの茶漬で話したように、濃い目の熱いお茶をかける。御飯の量は自らの腹工合に相談して、盛ったらよい。

ただここに注意すべきは、てんぷらの茶漬は甘いものを嫌うが故に、てんぷらのつゆをかけてはならぬ。必ず生醬油か塩をかけるべきである。

大根おろしは新鮮なものほどよく、辛い大根があればなおさら工合がいい。要するにてんぷらの茶漬は、残ったてんぷらを生かして食べる方法である。焙るため油がこなれ、香ばしくて、意外においしいものである。

材料になるてんぷらが、良質のものでなければ、うまくならないことは言うまでもない。

鱧・穴子・鰻の茶漬

はも

茶漬の中でもっともうまいものの一つに鱧《はも》の茶漬がある。これは刺身でやる鯛茶漬と拮抗《きっこう》するうまさだ。洋食の流行する以前の京、大阪の子どもに、「どんな御馳走が好きか」とたずねると「鯛」と「鱧」と必ず答えたものだ。それほど鯛と鱧は京阪における代表的な美食だった。

鱧のいいのは三州から瀬戸内海にかけて獲れる。従って今も京阪地方の名物のようになっている。鱧は煮ても焼いても、蒲鉾《かまぼこ》に摺り潰しても、間違いのないよい魚である。とりわけ焼いて食うのが一番うまい。焼きたてならばそれに越したことはないが、焼きざましのものは、改めて遠火であぶって食べるがよい。要するに、焼いた鱧を熱飯の上にのせ、箸で圧し潰すようにして、飯になじませる。そして適宜に醬油をかけ、玉露か煎茶を十分にかけ、ちょっと蓋をする。こうして一分間ばかりむらし、箸で肉をくずしつつ食べるのである。

鱧は小味ないい脂肪があるために、味が濃くなく舌ざわりが頗るいい。しかも、やり方が簡単だから、関西人でこの茶漬を試みない者はなかろう。しかし、東京で試みようとすると、ちょっと容易ではない。なぜなら、今東京にある鱧は多く関西から運ばれるので、そうたくさんはない。その上、東京の料理屋も魚屋もこれを骨切りにする仕方を知らない。従来の東京料理には、これを用いることがなかったために、魚屋の手にすら入らないことになっている。東京で鱧を求めようとするには、関西風の一流料理によって求めるよりほか仕方があるまい。

それにしても、東京に来ている鱧は、関西で食うようにうまいわけにはゆかぬ。また東京近海で取れる鱧は、肉がベタベタして論にならぬ。そこで、代用品というのも当らないかも知れないが、穴子とか鰻とかが同じ用に役立つ。

あなご

穴子もいろいろ種類があって、羽田、大森に産する本場ものでなくてはうまくない。

これも茶漬にするのには、その焼き方を関西風にならうがいい。東京の鰻のたれのように甘いたれではくどくて駄目だ。京阪で鰻に使うような醤油につけて焼くのがいい。それを茶漬にするには、細かくざくざくに切り、適宜に熱飯の上にのせ、例のように醤油をかけて茶をかける。

これもやや鱧に似た風味があってうまい。しかし、鱧と違って、穴子でも鰻でも少々臭みがあるから、すり生姜、または粉山椒を茶をかける前に、箸の先にちょっと付けるくらい入れた方がいい。

穴子のうまいのは堺《さかい》近海が有名だ。東京のはいいと言っても、関西ものに比べて調子が違う。焼くには堺近海のがよく、煮るとかてんぷらとかには東京のがいい。

うなぎ

次は鰻だが、この場合の鰻は宵越し、例えば翌日に残ったものの、焼きざましを利用してもいい。この時は、醤油をつけて一ぺん火にあぶる必要がある。本来は江戸前風に蒸しにかけないで、関西風にじかに焼くがいい。醤油のたれを甘くしないで、直焼にしたものの方が茶漬には適する。

直焼の鰻は、もとより肉や皮が多少は剛《こわ》いけれど、茶漬の時はあつい茶をかけて、しばし蓋をするために、直焼であっても、すぐ皮がほとびて、結構やわらかくなる。

鰻もクセの激しいものだから、茶漬に用いるようなのは、よほど材料を選択しないとうまくない。第一、養殖鰻はなんとしてもいけない。これは癖の有無にかかわらず、やわらかいだけが特徴で決してうまいものではない。かと言って、天然の鰻が必ずしもいいとはいえない。これは鰻の項で述べた通りである。

要するに、鱧、鰻、穴子の茶漬をうまく食べようというようなことは、もとより贅沢な欲望であり、これを賞味する味覚の働きもデリケートなものであるから、これを志すほどの者は、材料のよしあしを十分注意してかからなくてはならぬ。

なお、鱧・穴子の材料選択の際、馬鹿に大きいのは買わないように注意することである。焼き上りの巾《はば》が精々一寸から一寸五分以下のものに限る。大きいのはなんに用いても大味で駄目なものだ。鰻の大串はまだしも、穴子の大串に至っては絶対に面白くない。

車蝦の茶漬

蝦《えび》の贅沢な茶漬を紹介しよう。これまた、その材料の吟味如何による。これから述べようとするのは、東京の一流てんぷら屋の自慢するまきと称する車蝦《くるまえび》の一尾七、八匁までの小形のもので、江戸前の生きているのに限る。横浜本牧あたりで獲れたまき蝦を、生醬油に酒を三割ばかり割った汁で、とろ火にかけ二時間ほど焦げのつかないように煮つめる。

こんな蝦は誰の目にもむろん見事だし、一尾ずつで上等のてんぷら種になる材料だから、よほど経験のある食通でなければ、やってのける度胸は出まい。これをいきなり佃煮風にするのは、もったいない気がしてちょいとやりきれないが、それをやりおおせるなら、その代り無類のお茶漬の菜ができるわけだ。つまり本場の車蝦を醬油と酒で煮た佃煮である。

例のように熱飯の上にのせる。茶碗が小さければ半分に切ってもいい。それに十分な熱さの茶を徐々に蝦の上からかける。すると、醬油は溶けて蝦は白くなる。やがてだしが溶けて、茶碗の中の茶はよきスープとなって、この上なくうまいものとなる。

季節はいつでもよいが、夏など口のまずい時にこれを饗応《きようおう》すれば、大抵の口の奢った人でも文句は言わないだろう。

蝦は京阪が悪くて、東京の大森、横浜の本牧、東神奈川辺で獲れる本場と称するものがいい。こういうものを賞味するようにならなければ食通とは言えまい。

この食通も、てんぷらなら二十や三十はわけなくペロリと平げるが、茶漬という名がつくと妙におじけだす。

京都のごりの茶漬

京都のごりは加茂川に多くいたが、今はよほど上流にさかのぼらないといないようである。桂川では今でもたくさん獲れる。浅瀬の美しい水の流れる河原に棲息する身長一寸ばかりの小魚である。

ごりといって分らない人は、はぜのような形の魚と思えばいい。腹に鰭でできたような吸盤がついていて、早瀬に流されぬよう河底の石に吸いついている。

ごりには大小さまざまの種類があるが、ここに登場するごりは小さなごりで、一寸以上に大きくならぬようである。それが証拠に、小さなくせに卵を持っている。身は短小なれど非常にうまい魚である。

京都の川肴料理では、赤だし(味噌汁)一椀に、七尾入れることを通例としている。こんな小さなものを七尾入れて、立派な京名物の吸物ができるのだから、そのうまさが想像できるだろう。従って値段も高い。沢山獲れないからである。とても佃煮なんかにして食べるほど獲れないのだ。にもかかわらず、佃煮にして食べようというのであるから、ごり茶漬は天下一品の贅沢といわれるのである。

今では、生きたのが一升二千円見当もするだろう。これを佃煮にすると、かさが減るから贅沢においで随一の佃煮である。

ごりの佃煮とは要するに、高いごりを生醬油で煮るのである。それを十尾ばかりあつ飯の上にのせて、茶をかけて食べるのである。

昔からごりの茶漬には有名なものだが、恐らく京都でも食べたことのある人は少ないであろう。京都以外の人では、名前も存在も知らぬ人が多いかも知れない。

食通間では、ごりの茶漬を茶漬の王者と称して珍重している。しかし、食べてみようと思えば、大してぜいたくなものではない。なぜなら、高いといったところで、一椀十尾ばかりですむことであるから、金にすればなんでもない。ただ五尾か七尾で名物吸物にしているのを目前に見ているので、思い切って佃煮にする勇気がしぶるだけのことである。もったいないが先に立って、やっぱり味噌汁にして、平凡に食べてしまうようになる。

このごりはどこの川にでもいるようだが、京都のは小さくて、粒が揃っている。特志の方は、京都に行かれた節にでも料理屋に命じて、醬油で煮つめさせ、一つ試みられてはいかが。これさえ食べれば、一躍茶漬の天下取りになれるわけである。

ついでに茶漬とは別な話であるが、京都には「鷺《さぎ》知らず」といううまい小魚がある。

香辛料と調味料

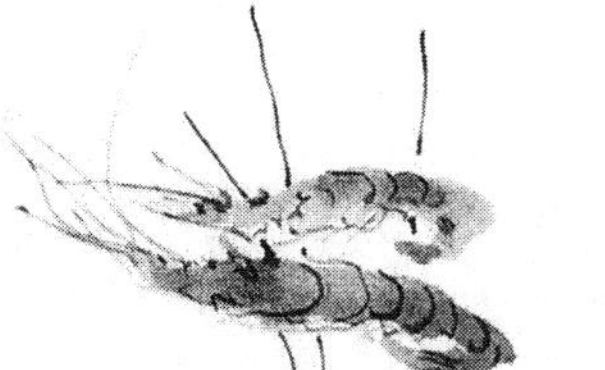

山椒

この刺激食品は香味と辛味がすばらしい特色を持っているところから、成年以上の大人になると、大概はこれを好み、日常食膳に喜ばれていることは御承知の通りだ。実山椒の佃煮（から煮）はよく知られているが、実山椒も味噌漬となると、あまり知られていないのではないだろうか。この点が珍しいところだ。

丹波《たんば》の朝倉山椒というのは、古くから有名で献上品、あるいは大名の御用となって諸方へ出回り、ずいぶん珍重されたようである。当時用いたといわれる容器は五、六升入りくらいの壺で、今日骨董品として数万金で売買されている。

若実山椒を「から味噌」に三年漬け込んだものは、酒肴としてはもちろんのこと、お茶漬の副菜としてもこの上なしといえよう。山椒は若実、若芽（キノメ）でなくては価値がない。お茶でいえば、玉露にあたるような上等の新芽がよいのである。

日本芥子

西洋料理、中国料理に添えてあるあの芥子《からし》を見るたびに、どうも気になってしようがない。日本料理に付けられた場合などはなおさらである。

元来、西洋芥子というもの、肝心の辛さが一向辛くなく、第一大切な香味がなっていない。辛味も香味も共に優れている日本芥子。しかも安価で存在しているものを、何をもって西洋芥子をありがたがるのか。私にはさっぱりその気が知れない。あの小麦粉と芥子粉を等半に混ぜ合せたような精気のない西洋芥子の一体どこがよいのだろう。

なるほど、日本芥子は使用に臨んで溶《と》くというちょっと手間のかかるキライはあるが、それとて芥子粉を湯呑の底にでも入れて、日本紙を一枚置き、少しばかり湯をそそぎ、灰あるいは炭火のおこったのでも入れれば、それだけですむことではないか。

しかし、日本芥子は西洋芥子のように色が美しくない。キメがあらい。これを改良したら質においては、西洋芥子にまさること数等である。

美味で効果的で経済的であることを実行しないのは、食物に対する不見識であり、陋習を改めない横着さは十分責めねばなるまい。

ビフテキに一度日本芥子を付けて見るがいい。どんなにうまく食えるだろうか。日本芥子はおでんと納豆に限る出合物だなどとばかりきめこんでいては、物笑いの種である。独りこのことばかりではない。大体西洋ものでさえあれば、てんからなにもかもが良いように思ったりする癖が悪い。むしろ西洋人と食卓に向い合いでもしたような場合は、日本芥子の勝れていることを、教えてやるくらいの見識を持ちたいものだ。

だしの取り方

鰹節はどういうふうに選択し、どういうふうにして削るか。まず、鰹節の良否の簡単な選択法を御披露しよう。良い鰹節は、鰹節と鰹節とを叩き合わすと、カンカンといってまるで拍子木か、ある種の石を鳴らすみたいな音がするもの。虫の入った木のように、ポトポトと音のする湿っぽい匂いのするものは悪い鰹節。

本節と亀節なら、亀節がよい。見た目に小さくとも、刺身にして美味い大きさのものがやはり鰹節にしても美味だ。見たところ、堂々としていても、本節は大味で、値も亀節の方が安く手に入る。

次に削り方だが、まず切れ味のよい鉋《かんな》を持つこと。切れ味の悪い鉋では鰹節を削ることはむずかしい。赤錆になったり刃の鈍くなったもので、ゴリゴリとごつく削っていたのでは、鰹節がたとえ百円のものでも、五十円の値打すらないものになる。

どんなふうに削ったのがいいだしになるかというと、削った鰹節がまるで雁皮紙の如く薄く、硝子のように光沢のあるものでなければならない。こういうのでないと、よいだしが出ない。削り下手な鰹節は、死んだだしが出る。生きたいいだしを作るには、どうしても上等のよく切れる鉋を持たねばならない。そしてだしをとる時は、グラグラッと湯のたぎるところへ、サッと入れた瞬間、十分にだしができている。それをいつまでも入れておいて、クタクタ煮るのでは碌なだしは出ず、かえって味をそこなうばかりである。いわゆる二番だしというようなものにしてはいけない。

そこで、まず第一に、刃の切れる、台の平らな鉋をお持ちになることをお勧めしたい。鰹節を非常に薄く削るということは経済的であり、能率的でもある。

なお私の案ずるところでは、百の家庭のうち九十九までがいい鉋を持っていまい。料理を講義する人でも、持っていないのだから、一般家庭によい鉋を持っている家は一応ないと考えて差支えないだろう。

さて鉋はいつでも切れるようにしておかなければならない。しかし、素人ではよく研げないから、大工とか仕事をする人に研いでもらえばいい。そのほか、とぎや専門という商売もあるのだから、いつも大工の鉋のようによく切れるようにしておかなければ料理をしようとする時にまごつくのがオチだ。

日本には鰹節がたくさんあるので、そう重きをおいていないが、外国にあったら大変なことだ。外国人は鰹を知らないし、従って鰹節を知らない。牛乳とか、バターとか、チーズのようなもの一本で料理をしている。しかし、これは不自由なことであって、鰹節のある日本人はまことに幸せである。故に、鰹節を使って美味料理の能率をあげることを心掛けるのがよい。味、栄養もいいし、よい材料を選べば世界に類のないよいスープができる。

それなのに、鰹節に対する知識もなく、削り方も、削って使う方法も知らないのは情けないことだ。その上削る道具もない――これはものの間違いで、大いに反省してもらいたいことだ。現在、鉋で鰹節を削っているのは料理屋のみであって、たいがいは道具もなくて我慢しているようである。その料理屋さえ最近削り鰹節を使用している。削り節にも色々あって、最上の削り節ならば、まずまずであるが、削り節は削り立てがいいので、時がたってはよろしくない。

鉋があっても、切れない場合が多いし、それを使用して削れないと思うくらいなら、日本料理をやめた方がいい。

料理に限らず、やるというのなら、どんなことでもやるのが当然で、やらなければ達成できない。かと言って、この場合、料理屋の真似をしてガラスで削るのは危険だし、たくさん削る場合は間に合わないから、無理をして鰹節を削ることになる。しかし、無理をすることは味が死ぬことになるのであるから、生きた味を出すためには、よく切れる鉋に限るのである。

鉋を持ってない人がいたら、ここで一奮発して、大工の使用している鉋を購入するようお勧めしたい。大工の鉋一つ買うことは、値段から言っても高価ではないし、生涯なくなるものでもないのだから、不経済にはならない。要は研げないと頭からきめてかからずに、インチキ鉋の使用を一刻も早くやめる必要があろう。

さて昆布出汁《だし》のことは、東京では一流料理屋以外は余り知らないようだ。これは、東京には昆布を使うという習慣が昔からなかったからだろう。昆布のだしは実に結構なものであって、魚の料理には昆布だしに限る。鰹節のだしでは魚の味が二つ重なるので、どうしても工合の悪いものが出来る。味のダブルということはくどいのである。昆布をだしに使う方法は、古来京都で考えられた。周知の如く、京都は千年も続いた都であったから、実際上の必要に迫られて、北海道で産出される昆布を、はるかな京都という山の中で、昆布だしを取るまでに発達させたのである。

昆布のだしを取るには、まず昆布を水でぬらしただけで一、二分ほど間をおき、表面がほとびた感じが出た時、水道の水でジャーッとやらずに、トロトロと出るくらいに昆布を受けながら、指先で器用にいたわって、だましだまし表面の砂やごみをおとし、その昆布を熱湯の中へサッと通す。それでいいのだ。これではだしが出たかどうか、心配なさるかも知れない。出たか出ないかはちょっと汁を吸ってみれば、無色透明でも、うま味が出ているのがわかる。量はどのくらい入れるかは実習すれば、すぐに分る。このだしは鯛のうしおなどの時は是非なくてはならない。

　昆布を湯にさっと通したきりで上げてしまうのは、なにか惜しいように考え、長くいつまでも煮るのは愚の骨頂、昆布の底の甘味が出て、決して気の利いただしはできない。京都辺では引出し昆布といって、鍋の一方から長い昆布を入れ、底をくぐらして一方から引上げるというやり方もあるが、こういうきびしいやり方だと、どんなやかましい食通たちでも、文句の言いようがないということになっている。

薄口醤油

今日は簡単に薄口醤油の話をしてみたいと思う。なぜなら、よい料理を作ろうとするには、醤油は重大問題だからだ。

東京人は、主として濃口醤油をもって調理するが、これは深く考えて欲しいものだ。関西の料理は薄口醤油を用いているが、関東に昔から伝わる江戸料理は薄口醤油のあることさえ知らないようで、関西龍野の薄口醤油などほとんど利用されていない。東京人の口福のためにはここに惜しいことだ。全くここだ大事なところなのである。

近年東京にもだんだん関西料理が侵入し、江戸前料理が次第に衰えて来た原因の一つに、調味料としての薄口醤油を用いなかったことがあげられよう。一口に言うと、薄口醤油はものの持味を殺さない特徴がある。東京の醤油だと、ものの持味を殺してしまう危険がある。もう一つは、視覚的にも薄口醤油は白いので、美しく、煮たものが黒くならない。東京の醤油は黒いので、ものによっては見た目の美しさが失われる。味覚の優れた料理人は必ず薄口醤油を用いる。

以上の理由で、気の利いた料理にするには、必ず薄口醤油を用いなければならない。薄口醤油は濃口醤油よりずっと価が安く、味がうまい。薄口醤油がないのなら止むを得ないが、求めればあるのだから、その点を十分注目して薄口醤油に対する認識を改めねばなるまい。

普通吸物《すいもの》を作る時に、東京料理は薄口醤油を知らないために塩を用いる。それも一概に悪いとは言わないが、塩からい、味のないものになってしまう。それも一種の味には違いないが、薄口に越したことはない。ものを煮るにも濃口では味があくどく重くるしくて、サラッと気の利いた高尚なものにはなりにくい。今後、料理をやるにはぜひ薄口醬油を御利用なさるようおすすめする。

薄口醬油は、やかましくいうと、うんと白いものもあるし、水の中に一滴濃口をたらしたようなビールくらいの色のもあるし、それよりもちょっと濃いのもある。それが一番味がよい。東京ではどこでもというふうに薄口醬油は手にはいらないが、築地本願寺前の食品市場へ行くと、大蔵・京橋という特別食品を売っている店がある。まだほかにもあるだろうが、そこへ行けば大概ある。くれぐれも言っておくが、東京の醬油より安くて塩分があるから、結局半値でできる経済的な利点がある。実際、濃口よりも味もよく、効果もあるのだから、ぜひ利用されるように念を入れて申し上げる次第だ。全くこの醬油が手に入らないと、料理に手を下せないというほど効能のあるものだ。私など、うまい料理をしようと思っても、これがないと、絶対に料理にならない。

ところが、意外なことには、京大阪に東京の醬油が入りこんでいる。これは料理に自覚がないために起こるあやまちであって、このことは日本中の料理をメチャメチャにしている。かてて加えて、近頃は化学調味料というものが流行して、味を混乱させている。単純な化学調味料の味で、ものそれぞれの持味を殺してしまうことは全く愚かなことというべきだ。よいものがよく見えないで、悪いものが良く見えるのは単に料理だけに限らない。この傾向は今日の日本のあらゆる面にはびこっている。そしてこの事実は、日本の価値を低下させている。料理する人は、料理に対する深い自覚と反省がなければならない。

化学調味料

化学調味料は近来非常に宣伝されているが、私は化学調味料の味は気に入らない。料理人の傍らに置けば、不精からどうしても過度に用いるということになってしまうので、その味に災いされる。私などは化学調味料を全然調理場に置かぬことにしている。化学調味料も使い方でお惣菜的料理に適する場合もあるのだろうが、そういうことは純粋な味を求める料理の場合には問題にならない。今のところ、純粋な味を求める料理のためには、なるだけ化学調味料は使わないのがよいと思う。上等の料理、最高の料理には、私の経験上化学調味料は味を低め、かつ味を一定していけないようだ。昆布なり鰹節なりのだしで自分流に調味するのが一番いい。

たとえ化学調味料がいいとしても、物にはそれぞれ千差万別の持味があるのだから、これぱかりは人間の力ではどうすることもできないものだと言えよう。それを化学調味料という一つの味で、日本料理・中国料理・西洋料理と調味するのは無理である。そんなことをするくらいだったら、自由自在にそれぞれの持味をとり入れたらよいのであって、それに砂糖・塩・酢・酒などで補えばよろしい。

化学調味料も死んだ味を生き返らせる意味で、ある場合はよろしい。私のところでは百グラムの缶だと三年たってもまだなくならない。ほんとうに化学調味料を生かして使っているのは私だけだと言えるだろう。来客料理、あるいは私一人の料理の場合に使ってはいるが、機微《きび》を得た使い方をして、生かしているのである。

化学調味料を使用すれば、不精者にはまことに都合がよろしい。だが、これらの人々は、味の低下をもたらす元凶だと言いたい気がするのである。彼らは化学調味料の真の活用法を知らない徒輩と言えよう。

昔、私が星岡で料理の講習をしていた時に「味の素」社長夫人が聴講生のメンバーに加えて欲しいと言ってきたことがあった。私はその時の講習で「味の素をなるべく使用するな、料理が台なしになる」と言っていたのだから、夫人が満座の中でそれを聞くにたえないだろうと思い「あきらめなさい」と言付《ことづ》けたことがあった。

日本の食品材料には天与の美しい味がある。それは自然だから無条件で永続できるし、飽きることもない。天の与えた自然の味を確認し、これを十分に生かすことを考えて欲しい。

ただし、これは化学調味料のような粉末ではないので、椀の中に振りかけることはできないが、味もあり、栄養価値もあるのである。手間はかかるが、化学調味料を用いるくらいなら、こちらの調味料すなわち自然の持味を生かすことをお勧めしたい。

ラジオ・テレビなどで認識不足な料理研究家が、無暗と化学調味料に依存するような、いいいい、ていたらくはせぬ方がいいように思える。

味ところどころ

筍は季節の味

筍《たけのこ》の缶詰物は、一流日本料理の材料になる資格はない。が、二流以下の料理用としては、日本・中国料理にも年中重宝されているくらいだから、ある意味では美食材料として一等席へ座らしてもよいだろう。

かの二十四孝《こう》の孟宗《もうそう》は、親のために雪の地下深く竹の芽、即ち筍を掘って有名であるが、筍は雪期の前、すでに萌芽《ほうが》しているので、筍自体の成長過程から考えるなら、格別の不思議ではない。

京阪の一流料理屋が暮のうちから、はしりものとして、客の膳に出しているのがすなわちこれである。その味は、出盛り季節の美味に比すべきほどのものではないが、それなりに一種捨て難い風味があって、十分珍重に価するものだ。

筍は産地産地によって持味の差が甚だしい。もとより京阪は本場である。関東のそれは場違いとしたい。目黒の筍など、名ばかりでなんのうまみもない。京都では洛西の樫《かたぎ》原《はら》が古来第一となっている。その付近に今一つ、向日町《むこうまち》という上物産地がある。

洛東の南、伏見稲荷山の孟宗藪《やぶ》も近来とみに上物ができて、樫原に劣らぬと自慢している。

しかし、私の経験ではなんといっても樫原の優良種が良い。噛みしめて著しい甘味があり、香気がすこぶるよい。繊維がなく、口の中でとけてしまう。

季節に食えば、本来たまらなくうまいものであるが、近来料理屋の激増によって、料理屋目当に、二十四孝が掘り出したであろう雑筍、即ち若芽（百匁四、五本のもの）を掘りつくしてしまい、いよいよという筍の季節には、藪に一本もないというような始末で、困ったことに季節の本場物は一般の台所などには顔を見せてくれない。

ところで、ゆがいた筍を長く水に浸しておくのは味を知らない人のすること。掘って間のない本場ものなら、ゆがかないでそのままじかに煮て、味を逃がさぬよう賞味すべきだ。京都人の多くはそうしている。煮冷めさすと、白い粉を吹くが、そのまま平気で賞味するふうが京にはある。新しい筍を煮るのに、醬油、砂糖でできた汁を、筍の肉深くしみこませるのは考えものである。

日の経った筍や、缶詰物ならばそれでいいが、掘りたてのものなら、煮汁をしみこませないように、中身は白く煮上げるのがうまく食べる秘訣である。

こうすれば、筍の持つ本来の甘味と香気が生き生きと働いて、春の美菜の喜びがあるというもの。しかし、関東のものは本場並にはゆきかねる点もあるから、そこは筍次第で、各人の工夫を要するものとしたい。孟宗の終るころ「ハチク」「ヤダケ」「マダケ」が出て、孟宗の大味に引き替え、小味なところを見せてくれるのは楽しい。

いなせな初鰹

鎌倉を生きて出でけん初鰹
目には青葉山ほととぎす初鰹

初鰹が出だしたと聞いては、江戸っ子などもう矢も楯もたまらず、やりくり算段……いや、借金してまで、その生きのいいところを、さっと卸して、何はさておき、まず一ぱいきこし召さずにはいられなかったらしい。葉桜頃の人の頭にピンと来るものがあったのだ。ところで、初鰹が珍重される所以はなにか。前掲の句の作者は元禄時代の人だから、その時代に江戸人が初鰹を珍重したのはうかがえるが、今日これは通用しない。「鎌倉を生きて出でけん」と想像しつつ当年の江戸で歓迎された初鰹は、海路三崎《みさき》回りで通ったものではあるまい。陸地を威勢よく走って運ばれたものだろうが、それにしても、日本橋の魚河岸に着く時分は、もはや新鮮ではあり得なかったろう。でも、江戸っ子は狂喜して、それがために質までおいたというから大したものだ。私の経験では、初鰹は鎌倉小坪《こつぼ》（漁師町）の浜に小舟から僅かばかり揚がるものを第一とする。その点、今人と昔人と一致している。鎌倉小坪の鰹、これは大東京などといかに威張ってみても及ぶところではない。

現今東京に集まる鰹は漁場が遠く、時間がかかりすぎている。それはそれとして、初鰹なるもの果してどれほどうまいのかという問題になるが、私は江戸っ子どもが大袈裟にいうほどのものではないと思う。

ここでいう江戸ッ子というのは、どれくらいの身分の人かを考えるがよい。富者でも貴族でもなかろう。質を置いてでも食おうというのであるから、身分の低い人たちであったろう。それが跳びあがるほどうまがるのであるが、およそ人物の程度を考えて、ハンディキャップをつけて話を聞かなければなるまい。

冬から春にかけて、しび鮪《まぐろ》に飽きはてた江戸人、酒の肴に不向きな鮪で辛抱してきたであろう江戸人、肉のいたみやすいめじ鮪にあきはてた江戸人……が、目に生新な青葉を見て爽快となり、何がなと望むところへ、さっと外題《げだい》を取り換え、いなせな縞の衣をつけた軽快な味の持主、初鰹君が打って出たからたまらない。なにはおいても、となったのではなかろうか。

初鰹に舌鼓を打ったのは、煮たのでも、焼いたのでもない。それは刺身と決っている。この刺身、皮付きと皮を剝ぐ手法とがある。皮の口に残るのを嫌って、皮だけを早く焼く方法が工夫された。土佐のたたきがそれである。しかし土佐のたたきは、都会のうまい料理に通じない土地っ子が、やたらに名物として宣伝したので、私の目にはグロであり、下手《げて》ものである。焼きたての生暖いのを出されては、何となく生臭い感じがして参ってしまう。しかし、土佐作りは皮付きを手早く焼き、皮ごと食うところに意義があるのだろう。

元来どんな魚類であっても、皮と肉の中間に美味層を有するものである。それ故、皮を剝ぎ骨を去ってしまっては、魚の持味は半減する。物によっては、全減するとまでいっても、過言ではなかろうと思う。それはもとより鰹だけに限ったことではない。鯛の荒煮《あらに》がうまいというのも、実は皮も骨も肉も一緒に煮られているからなのである。

春先の初鰹を、むかしはやかましくいったが、今日では夏から秋にかけての鰹が一番美味い。これは輸送、冷凍、冷蔵の便が発達したことによると思われる。

大きさは五百匁から一貫匁ぐらいまでを上々とする。

洗い作りのうまさ

うまいさかな、それはなんといっても、少数の例外は別として関西魚である。魚によっては、紀州、四国、九州ももちろん瀬戸内海に同列するものである。伊勢湾あたりから漸次《ぜんじ》西方に向い、瀬戸内海にはいるに及んでは、誰しもなるほどと合点せざるを得ない。段違いのうまさを有することは、夙《つと》に天下の等しく認むるところで、関東魚はこの点一言半句なく関西魚の前に頭を下げずにはいられない。しかし、例外の逸品にかかってはまたどうしようもないもので、これから七、八月頃まで続く東京近海もののピカ一、星鰈《ほしがれい》の洗い作りの前には、関西のそれなどとても及ぶものではない。

私はめったに天下一品などと言おうとするものではないが、こればかりはどうしても天下一品と叫ばざるを得ないのである。

東京築地魚河岸の朝の生簀《いけす》には、その偉容、実に横綱玉錦といった風な面構えをもって、水底に悠然たる落着きを見せている。うまさ加減は大きさで四百匁くらいが上乗。普通いわれる黒鯛の洗いよりは少々厚目に作り、水洗いしたものを直ちに舌上に運べば、まさに夏中切っての天下第一の美肴として、誇るに足るものである。

この鰈なかなか大きく成長し、一貫目以上のものも決して珍しくないが、味の上では問題にならない。

洗い作りは生きた魚でなくては駄目なものである。ところが京の魚市場はもちろん、大阪の市場などには生簀はあっても不完全である。東京のような生簀の設備がない。従って洗い作りに事を欠き、洗いといっては東京の独擅場の観がないではない。だが、東京とてもあの黒鯛を紙のごとく薄く洗ったものなど、てんで問題にはならないものもあって、共に一長一短がある。

二、三百匁くらいのすずきの洗い、同じくこちの洗いなどは、十分自慢に価する。

また三、四百匁の真鯛の洗いも相当のものであるが、星鰈・あじき・こよには及ばない。

特殊のものに赤鱏《あかえい》、蛸《たこ》などややグロなものがあるが、まずは下手珍味の類に加うべきである。鯉《こい》と鮒では格段に鮒がうまく、伊勢蝦と車蝦では車蝦が調子高く、鰻、どじょうの洗いを酢味噌で食う手もあるが、夕顔棚の下ででもなければばうつらない。

最後に洗いの極上を紹介しよう。それは百匁くらいの岩魚《いわな》の洗い、成熟期七月頃の鮎の洗いなど、都会では容易ではないが、場所を得れば、あえて難事ではなかろう。岩魚の洗いは、どうしても渓谷深く身をもって臨む以外に法はない。

私は黒部渓谷、九谷の奥、金沢のごりやなどでしばしば試みているが、星鰈に匹敵して、しかも格別というていの風味を持っていて、絶賛に価する。

今一つ格別のものに、北陸では鱈場蟹《たらばがに》の洗いがある。これも珍重するに足るのみならず、簡易美食の王者ともいえるであろう。

裏日本の各所になまずがいる。これも星鰈に匹敵するようなうまさをもっている。

一癖あるどじょう

どじょう鍋、うまくて、安くて、栄養価があって、親しみがあり、家庭でも容易にでき、万事文句なしのもの。ただし、貴族的ではない。これがどこへ行っても歓迎を受けているのはもっともな話である。

鍋ものは、一般に冬のものと決っているところへ、こればかりは夏のものであることも、大方の興を呼ぼう。

東京では、どじょう鍋というよりも「柳川《やながわ》」と言うほうが通りがいい。なぜ柳川という名称が生じたか。

古老の話によると、幕末の頃、日本橋通一丁目辺に「柳川屋」という店があり、ここで、かって見たこともないどじょう鍋なるものを食わした。幸いそれが当って、江戸中の評判となり、いつとはなしに、どじょう鍋のことを柳川というようになった。これが柳川の名称の起こりだという。そんなところから、通人は柳川で一杯、などとシャレるに至ったものらしいということだ。

また、柳川は九州梁川《やながわ》の換字ではないだろうか、というのもある。梁川は日本一の優良すっぽんの出るところ。一望千里の田野を縫う賽《さい》の目のごとき用水濠は、すっぽんと共に優良などじょうをも産する。他では見られないまでに、持味すばらしく、かつ大量に産し、現に大阪市場にまで持込まれている。

一体どじょうは癖のあるもので、その癖に両面がある。その一面は、どじょうにとって是非なくてはならぬ独特の持味であるが、他の一面は、下品な臭気を伴うことである。梁川のそれは、そのいやな面が全くなく、まことに結構この上なしのものである。すっぽんも、普通一癖も二癖もいやな癖のあるのを免れないものであるが、梁川産にはそれがない。この珍しい特色は、今後ますます認識されて、いよいよ市価を高めてゆくであろう。

梁川どじょうの大もの、五寸ぐらいなのは蒲焼に適し、鰻とは全然異なった風格を有し、心嬉しい気の起こるものである。どじょうに限って、小さいのを無理に蒲焼にしても、一向有難くない。

どじょうの良否を見分けるには、まず卵に着眼し、卵の絶無のものを第一とし、以下なるべくこれの少ないものを選ぶべきである。卵の多いものは、肝心の肉付が少ない。どじょう割《さ》きは、素人の手に負えぬものとなっているが、それは急所に錐が打ち込めないからで、その急所は首の付根《つけね》とおぼしいところの背骨にある。この個所に錐を打てば、どじょうは一ぺんに参ってしまう。

小どじょう、大どじょう共に味噌汁に、まるごと入れることが一番うまいとされているが、十人中九人までは、そのまるごとの姿を見ただけで、ぞっとしてしまうから、これはいかもの食い向きとしておくべきであろうか。四、五寸のものをまるごと照焼にして、皿に盛る際、頭と尾を切落し、棒状形にして膳にのぼす。これならば、家庭で試みてもよいものである。東京では埼玉の越カ谷《こしや》（越谷《こしがや》）辺の地黒《じぐろ》というどじょうが上物で大きく、以前、鰻の大和田《おおわだ》あたりで盛んに蒲焼にして、「どかば」と称して一時人気を呼んだものである。

どじょう鍋の要点はだしで、表側の卵を汚さぬ工夫、だしが笹がき牛蒡《ごぼう》の下にだぶだぶ残らない工夫、卵を笹がきの中まで沈めない工夫、この三つができたら本格的である。

どじょうのことでは、いいたいことがたくさんあるが、必ずしも一般家庭向きでないから、有志の方々には改めてお話しすることにしよう。

小ざかなの干物の味

干物《ひもの》のうまいのに当った喜びは格別である。殊に中干しとか、生乾しとかいったたぐいの最上物に当る嬉しさは筆につくしがたい。東京近くでいうと、熱海の干物がなかなか評判だ。もともと熱海の漁場に揚がる鯵《あじ》、いか、鰈《かれい》、甘鯛など、魚の種類も相当のものだが、干上りにはもってこいの浜風と気温に恵まれている点が、味をよくする最大原因となっているらしい。干物の完成、これには気温と浜風の和合がなによりも肝心だ。

干物は朝食に適するところから、熱海では朝食の膳の一部に必ずといってよいほど干物を添えて、自慢することを忘れない。

ところが近ごろでは、浴客の数に反比例して、漁獲量が不足し、ときには場違いの魚類を加えたり、雨天などには乾燥器でどんどん仕上げるものもあるらしいから、評判通りのものがいつも手に入るとは限らない、鯵、鰈、うるめ、鱚《きす》、甘鯛いずれも本格の干加減で食わしてくれるとすばらしくうまい。だが中干し干物というのは、今日うまかったからといって、それを翌日に残し、前日の喜びを繰り返さんとしても、先通りのうまさが得られるとは限らない。まあその場きりのうまさと覚えておけば間違いない。

甘鯛の干物、これは乾し切ったものが特殊な味を持ち、素敵なうまさを発揮している。興津《おきつ》の浜でも乾しているが、これも最高干物としての権威を十分に持っている。甘鯛を上方ではぐち〔ぐじ〕といって、若狭小浜産を第一と称賛しているが、ぐちと柳鰈だけは、むしろ興津地方が優っている。

ただ興津の甘鯛は若狭物に較べて、鱗《うろこ》が食えない恨みがある。鱗ごと焼いて食べる甘鯛は、また格別の風味を持つものであるが、興津にはそれが期待できない。

うるめとかますの干物、これは京阪に出回っているものに、特筆すべきうまさがある。焼けば激しい脂肪《あぶら》がにじみ出て、舌に残る後口《あとくち》にたまらないものがある。柳鰈、これは静岡以東が本場らしく、目板鰈、すなわち上方でいう松葉鰈は、だんぜん若狭物を逸品とする。

これは干物中でも、とりわけうまいものである。京阪方面では人ひとしくそのうまさを知っているが、ただ価格が他の干物に比して高価である。従って惣菜にはならないが、酒の肴にはこの上なしと言えるだろう。しかしこの干物（松葉鰈）は、難をいえばうますぎることである。およそなんでも、うますぎるということは、特等品にはならない。うますぎるために、特等を下って一等品となる。総じてうますぎるものは、最高級美食とはいい難い。その点では、関東方面にある柳鰈など、実に特等品の座をしめるだろう。

といっても、松葉鰈は、その漁獲が柳鰈のごとくおびただしくないから、そのうまさと漁猟の少なさから、いや応なしに、松葉鰈が特等の王座をしめるといったふうな干物である。伊豆諸島出来のくさやの干物、これは上方の食通には、嗅覚が堪えられないと敬遠されるものであるが、うまさにおいて干物中の白眉であるといえよう。この干物、近ごろは昔のような製造法をもって生産されず、通人を淋しがらせている。

富山方面の氷見鰯《ひみいわし》の丸干なども、鰯としては優れたうまさを持つものであるが、所詮鰯の味としてのうまさに過ぎない。ところが、くさやの干物となると、鯵にして鯵の味にあらざるまであく抜けしているところに妙味が存し、独特の立場を堅持しているといえよう。

上方で一流の鱈の醬油干、若狭の松葉鰈、興津、熱海の甘鯛、静岡の柳鰈などが、なんといっても干物中での高級に属し、他はやや下手物に属するものであるかも知れない。河豚《ふぐ》の干物、これなどもうまそうなものであるが、ただの一度も私の舌を喜ばしてくれたことがない。

最後に忘れてならないものに、関西のうるめ、関東の甘鯛の干物がある。過ぎし日の体験を想い起こして、食指が動くことしきりである。

鮭の丸干は一見燻製に似たものであるが、風味に至っては断然たる相違がある。越後の人は地川《じがわ》と呼んでいる。土地の人の地川の自慢ときては大変なものであるが、無理もないと得心のゆくもの。しかし、燻製に比して、風味の程度が格段に相違するものであることを、しかと認識することは、よほどの食通でない限り区別がつきかねるかも知れない。焼いて食うべきものではない。

知らずや肝の美味

魚類の肝にはなかなかうまいものがある。鳥の肝にもあるにはあるが、魚の肝のうまさには遠く及ばない。獣の肝には、これというようまいものはない。魚の肝で特にうまいのは鯛、鱧、皮剝《かわはぎ》、河豚、鮟鱇、鰻、鱈。

鳥ではフランスの鴨の肝が有名で、私も壜詰を知っているが、事実全くうまい。日本の鳥の肝には取分けうまいというほどのものはないようだ。まずまず鶏の肝が第一番というところであろう。魚の肝の中でピカ一の優品は鱧のそれで、次が鯛、皮剝というところであろう。

河豚の肝もうまいにはうまいが、特に魅力のあるものではない。鮟鱇、鱈などの肝は下手物味で、上に立つ上品さ、すなわち風格を欠くうらみがある。

鰻の肝の吸物は、相当しゃれた下手な吸物の一つに加えられているが、これは単に肝のみを利用しているのではない。苦肝《にがぎも》を去った臓物全部を仮りに肝と称して使っているのである。単に肝だけとしたら、取立てていうほどのものではなかろう。鼈《すっぽん》の肝というのが、なんだか想像の上ではうまそうに考えられるが、これはまたどうしたものか、とんとおいしくない。それでも京の大市《だいいち》では、その肝を丁寧に鍋の中に添えて出すところから、その都度《つど》、よもやに引かされて食ってはみるが、何度食ってみても、一向うまいものではない。

魚の中で、肉もうまい、臓物全部いずれもうまい、腹子がまた格別うまいというのは鱧だけである。皮剝の肉は、さまでうまいとはいい難いが、しかしその肝に至っては、なみなみならぬ特別のうまさをもっている。

これあってこそ、この魚が価値づけられていいわけである。しかるにその肝が捨ててしまわれるとあっては、笑止千万である。

河豚の肝も、方法を知って、食うようにして食えば毒でもないし、相当うまいものの一つではあるが、猛毒を有するとして、これは捨ててしまっている向きが多い。あるいは無暗と長時間ゆであげて、何の味も風情もないものとして、かろうじて食っているようなものである。この肝のうまさを生かし、しかも危険のない法を心得ないでもないが、よけいなことを披露したために、生兵法をやられても大変だから特志の方がいれば直伝することとする。

河豚の肝をすりつぶして醬油に混じ、河豚の刺身につけてうまがる向きもなしとはしないが、これは全然素人食いである。河豚の肉の味は、他から脂肪の助けを受けなければうまくないというようなうまさではない。むしろ脂肪気の稀薄な素質に特徴を持ち、麻痺性を特色として、不思議な魅力を有するものであるから、全部が脂肪そのものであるような、肝の味の助けを受け入れる必要はいささかもない。それはかえって、河豚そのもののうまさを傷つける拙案《せつあん》というべきである。

この方法を、もし生鱈《なまだら》に利用するとすれば、それは妙案であって、推奨を惜しむものではない。

料理メモ

雑煮

季節にちなんで、お雑煮の話をしたいと思う。

一体お雑煮は、子供の時分から食べ慣れた生れ故郷の地方色あるやり方が、一番趣味的で意義がある。

主婦の心掛け次第で、第一日は地方色豊かなお国風雑煮、二日目からは東京風の贅沢な、賑わいのある楽しいもの、というようにすれば、家族に喜ばれること請合《うけあい》だ。かと言って、強いてそうせねばならぬという理由はないのだから、各自の好みに任せてよい、とまず御承知おき願いたい。

私の経験からいうと、雑煮の中を賑々しく楽しくするためには、人参とか、大根、芋などを入れる方がよいだろう。芋なども、原形のままの方が野趣があって面白い。なにか変った趣きを添えたいような場合には、芋に角目《かどめ》を立てて削るのも悪くない。が、余り細工をせずに作る方がよいと思う。

だしは普通の鰹節だけでとるか、あるいは昆布だしにするのもよろしい。また、冬になると、焼沙魚《やきはぜ》などよく贈られる家庭もあろうが、焼沙魚をだしに用いると、特殊の風味が出て楽しめる。

さて、一番肝要なのは、餅の焼き方である。昔から狐色に焼くのを最上としておったようだが、ところどころ濃く、ところどころ狐色に丁度鼈甲《べっこう》の斑《ふ》を思わせるように焼くのが理想的である。そして、餅の堅い、やわらかいの程度によって、火の加減をしないと、中身が堅いのに表面ばかり焦げたり、白くしなしなしてしまったりする。

雑煮のコツは、餅の焼き方にあると言ってよいと思う。また、不細工に大きな餅のはいっているのは面白くない。ことに朝から屠蘇機嫌《とそきげん》でいるところへ大きいのを出すのは気が利かない。

料理屋などで出す小型マッチ箱ぐらいの大きさが、見た目の感じがよい。でも、客次第で餅の大きさも加減したらよい。若い者たちには多少体裁が不恰好でも、大きいのを入れた方が歓迎されよう。出す相手と場合に応じて、それ相応のもてなしをすることは、単に雑煮だけに限らず、何事においても必須条件である。

白味噌の雑煮なども、変っていてうまいものである。それから、海苔は良質のもの――焼海苔でもよい――を、細かく揉んでかける。四角に切ったのを、一枚乗せたりするのは感心しない。

しかし、海苔というものは、なかなかむつかしく、焼き方にコツがある。

現に、京阪などでは、生《なま》で使っている。それは別として、うまく焼けたものは大変うまいものである。

京阪のような大都会でさえ、海苔の焼き方を知らないのであるから、いわんや地方では言うをまたない。

東京と言っても、地方の人が大部分で、存分な海苔の焼き方のできる人は稀なことであろう。

百円の海苔を五十円ぐらいに下落させて食っているのが大部分である。

要するに、雑煮は有合せで、見つくろって出せばよいのだ、ということを会得していただければ結構なのである。

鮑の水貝

鮑《あわび》の水貝について話そう。鮑の水貝は、鮑を切っただけでよいようなものであるが、これは元来江戸前の料理だ。それというのは、関西に鮑がないからだ。鮑に限らず、貝というものは、東京を本場としなければならない。東京の方は品物も豊富なので、料理法も心得ている。私どもも、そのコツは江戸前の料理から覚えたのだが、鮑の水貝料理は、鮑を固くすることが秘訣だ。まず生きのいい雄貝を塩を沢山使って揉む。そうすると、塩のために、いしづきが石のように固くなる。塩を沢山用いるほど固くなる。塩が少ないと中の方までは固くならない。上皮だけが固くても、中の方がグニャグニャしていては余りうまいものは作れない。中まで固い方がよいのだが、それには生きのよいものに塩を多く用いることで、これが水貝のコツである。

肉面に苔のついたような青いのが雄で、必ずこれを用いる。身の取り方はいろいろあるが、料理人の仕方は、あり合せの庖丁や、山葵おろしの取っ手の先でおこしている。しかし、一番安全にやる方法は、御飯をつける杓子の小さいのを貝の底に入れておこすことで、これだと貝に傷がつかない。腸を潰さぬように出す必要があるから、この方法でやると腸は存外潰れない。鮑の腸の中にはドロドロしたものがあって、それを薄い膜が包んでいる。これを破ると中の青白いドロドロのものが出るから、破らないように注意しなければならない。

腸を食べる方法は、水貝の時、生で器の中に入れると水が濁るから、全然水貝と離して食べる方がよい。生で食うにしても、そうした方がよろしい。また柔かいのをブツブツ切り熱湯にサッと入れ、上皮の部分を熱湯に通して中は生のような、つまり半熟に作り、それにレモン酢をつけて食べる。この方法もよろしい。しかし、ものの味からいうと、生で食べられるものは出来るだけ生、または生に近い方法で食べた方がうまい。煮たり、焼いたり手を加えるほど味が崩れることを知って置くことが肝心だ。日本人が刺身を賞味するのは、総じて魚は生の肉が一番うまいことを証明していると言えよう。

その他、甘辛く味付けして煮て食べるのも良い。これはただ煮ればよいのであるから、作り方は簡単である。いずれも好き好きにやった方がよろしい。

胡瓜

今日では温室栽培の向上によって、果物、野菜などに季節がなくなってしまった。早晩俳諧歳時記など書き改めねばならなくなりそうだ。とは言っても、やはり旬のものに越したことはない。

あえて胡瓜《きゆうり》には限らないが、旬がうまいということは、今も昔も変らない。

しかし、促成野菜を味なきもののようにいうのは、促成野菜の価値を認識しない批評であって、促成野菜はいわゆる旬のものにない味わいを持っている。従って、軽々に取り扱うのは考えものである。

昔は旬の胡瓜という一つのものであったが、今日では促成野菜というものができて、胡瓜もなすも二種類になっているわけである。その他にも一か二になっている促成野菜というものは多種多様に発明されている。

従って促成と季節と楽しみは二つにふえているわけである。

ところで胡瓜はまっすぐなのがよく、ひょうたん型のものはまずい。総じてよい胡瓜は形が平均している。真盛りになると、大きくなっても種がないうちはうまいが、種ができるように成長してしまっては落第である。一般に、温室など利用して作った小さな胡瓜、俗に初物《はつもの》と呼ぶような出たての胡瓜で、料理屋などで使うのは、小さなのがよい。これは贅沢なシャレた食物の場合だが、いい胡瓜の漬物を賞味しようと思ったら、やはりあとさきの揃ったものを選ぶべきだ。

漬物の漬かり加減は非常にむつかしく、気候と糠《ぬか》味噌漬の置場で、漬かり方の速度に非常な差異ができるから、その点注意深く心掛ける必要がある。不精して漬け過ぎると、胡瓜はすっぱくなるから、いい加減の時に糠味噌から取り出しておく。取り出しておいても味は急に変らない。そのまま漬けておいたのでは酸っぱくなってしまう。丁度いいと思える時に取り出して、糠のついたまま包み、冷めたい所へ置いておく。そうすれば二、三時間経ってもうまく食べられる。そのわけは塩が中まで浸潤して行かないので味が変らないからである。

そういったコツは、万人の苦労の集積から生み出されたものであろうが、そのコツを会得し、利用することはよいことである。しかし、茄子《なす》の場合は出すと、間もなく色が変るからそういうわけにはいかない。出し置きの利かない茄子は、適当な時に糠味噌から出して食べることだ。

昆布とろの吸物

関西では「昆布とろの椀《わん》」で通ずるようになっているので、ここではそうしておこう。これくらい簡単で、明瞭なうまさを感ずるものは他に類がないかも知れない。

関西人は殊に昆布を食いつけているので味がわかり、十分に賞味出来ることから、多くの人が賞味しているようである。ただここでは昆布がよくないといけないのであって、東京では昆布をあまり知らないところから、とろろ昆布、もぞく〔もずく〕があるけれども粗末にするものが多い。いい昆布で削って肉のないようなのがよいのだが、東京では特殊店に行かないとない。しかし関西では自由に手にはいる。上等は白くやわらかくてふわりとしていて、まっ白く削られたものがよろしい。日常の惣菜には黒いのでもうまいにはうまいが、品がわるい。

何にしても昆布だけの吸物だから、昆布を中心にして、昆布の選択をするほど効果がある。また昆布の吸物故に、そのだしは鰹節だけでよろしい。鰹節と言ってもよしあしがあるから、鰹節屋へ行ってよく乾燥して高いものを買ったらよい。それだけで立派な吸物ができる。

ここでも薄口醤油を是非とも使って欲しい。東京のものより半額ほど安いのだから、手に入れてほしいものである。

さて昆布とろをぞんざいにやる時だったら、椀の中にとろろ昆布を入れ、化学調味料でも少し入れ醬油を加え、それに熱湯をさすだけでできるのであるが、それでは荒っぽいぞんざいな間に合せ仕事で、料理らしく上等にするには是非鰹節のだしをとり、それに薄口醤油を入れ、普通の汁よりちょっと水っぽくして、それを椀の中のとろろ昆布の上から注げばよろしい。ただし、それには条件がある。この中に葱の微塵に刻んだのを入れるのと、入れないのとで味が非常に違うということである。入れないと、何だか物足りなくて、味の上に大なる劣りがある。今まで葱を入れてやったことのない方があったら、是非おためし願いたいものである。

琥珀揚

この名前は、昭和十年ごろ、私が勝手につけたもので、てんぷらのようであっててんぷらとも違うものだ。てんぷらより簡単にできるし、腕前がなくてもたやすくできる現代的な料理で、存外うまい。日常の料理にもなり、よそゆきの料理にもなる便利な中国料理に似たものだ。

材料は、なるべく軽い魚を用いるのがよい。例えば、いさき・蝦《えび》・鯛《たい》・鰆《さわら》・鱸《すずき》のような魚である。鮪《まぐろ》とか鰤《ぶり》のような脂っこいものは適しない。白身の魚を選ぶがよい。言うまでもなく蝦などはいつの時期でも適している。作り方としては、まず指の通らぬほどのかたさに水溶きした葛を衣にして、十分煮立った油でカラリと揚げるのだ。だしはてんぷらのそれと同じように、比較的固めにつくった葛の汁に橙《だいだい》かレモンを入れて酸味をつける。この葛だしの中に揚げた魚をちょっとつけ、それを食器に形よく盛る。揚げ物に、すり生姜を少しそえると、においもよく、風情もととのう。見かけは中国料理に近いものだが、中国にはこの種の魚がないので行なわれていない。似たものに鯉をつかってやるのはあるが、こんなうまい琥珀揚はできない。

琥珀とは松やにの化石のことをいうのであるが、私の琥珀揚は色の美しさがそれに似たところがあるので名付けたのだ。琥珀揚は家庭でも立派な料理になる。

ついでに、葛のことをいうと、今日市場や店舗で葛と書いて細長い袋に入れて売っているものは、馬鈴薯澱粉《でんぷん》なので、すぐ水にもどってしまう性質がある。本当の葛・片栗だと、美しくもあるし、水にすぐもどったりしないから、でき上ったものが美味である。馬鈴薯の澱粉は客料理には禁物である。九州の窮介《きゆうすけ》、吉野の葛、山中《やまなか》の片栗というような本場ものでやると、料理も完全なものになる。そんな葛も築地の珍味店に行くとある。

ついでながら、油のことも申上げよう。油は胡麻油のかれたのがよい。オリーヴ油は物足りない。大豆の油は無味に等しく、まるっきりうまくない。普通市場で、てんぷら油として売っているのは、大豆油である。かやの油は特徴があって寒中でも凍らないから、胡麻油に何分かまぜると、胡麻油のあくどさを中和することもできる。かやの油ばかり用いると、軽かったり、渋かったりで、味がまっとうしない。結局、胡麻油が一番よい。胡麻油の新しいのは、プーンと多少鼻につく刺激があるが、古いものになると、そうしたことはないから古いものを選ぶ必要がある。

玄人筋は、この古いかれた胡麻油を沢山買っておき、かれたのから順々に用いているようだ。新しいのをチビリチビリと買って用いるようでは、うまいてんぷらはできない。

かと言って、大概の家庭で油ばかりをウンと買いこむこともできないだろう。その辺になんらかの工夫の余地がありそうに思われる。

高野豆腐

これにも良い悪いがずいぶんあるから御注意願いたい。悪いのは、凍らして乾かす時の不出来に由来し、いざというときに固くてものにならないのや、柔らかすぎていけないものなどである。

どのくらいの固さがよいかはむずかしい問題だ。固いのになるとカスカスしている。反対に柔らかいのは、もとの豆腐にかえるのもある。カスカスが良いという人も、柔らかいのが良いという人もある。これは各人の好みによってきめるのが最良で、強いて評価するなら、その中間が一番よろしいと言えよう。

五目寿司には少しカスカスした高野豆腐でないと使い甲斐がないから、割合に固めのものを用いるように。

普通の高野豆腐のもどし方は、鍋などに入れて重曹《じゅうそう》をばらまき、落し蓋をして、重しを入れ、豆腐の下の方から湯がまわるように熱湯をそそぐ。すると底から温かくなり、しばらくすれば一体に柔らかくなる。

重曹のばらまき方は、豆腐の四方八方、裏表平均に薄くつけるので、ただ熱湯をかけたのでは角のところがうまく柔らかくならないから、四方八方にていねいに重曹をすりこむことを忘れてはならない。しかし、重曹をたくさん入れると、全く元の豆腐になってしまうから、中間だけが少しカスカスした程度の固さが適当だろう。

そして炭酸が味の邪魔をしてはまずいから、潰れないように手際よく、高野豆腐を水の中に入れて、グーッとしぼる。潰れてグチャグチャになったりしては体裁も悪いし味も悪いから、こわれぬように注意することが肝要である。しぼり方はちょうど海綿を絞るような工合にすればよい。柔らかいものであればあるほど手際を要するから、柔らかいものの時には注意の上に注意をして絞り出すようにしなくてはならない。炭酸の気のなくなるまで絞らねばならないのだから、少なくとも五、六回は繰り返して絞る必要がある。

高野豆腐のもどし方はむつかしく、一種の秘伝みたいになっていて、玄人でもやすやすできないことを念頭においておく必要があろう。そんなことはなんでもないと思っても、仲々うまくゆかないもので、京阪の特別料理をつくる料理屋でもうまくゆかない有様である。たまに名人がある程度だ。

そもそも高野豆腐は、昔高野山の寒気を利用してつくられたものが始まりだが、現今では寒い国はどこでもつくっているので、種類も多くなって来た。従って買い方にも注意を要する。質のよいものほどよい色をしているし、肌にも粗密の差があるから、買いなれないと分らないので経験を要する。

しかし、高野豆腐を賞味するということはシャレたことだから、そうやすやすと取扱うべきものではない。以上のような心構えがあって欲しい。

ところで、近来製法が進歩したと見えて、秘伝を要しなくても、相当にうまい高野豆腐ができるようになった。従って、今述べたような私の心配はなくなったかも知れない。

白菜のスープ煮

白菜の煮方などは、一般に余り吟味したやり方が行なわれていないと思うので、とりあえずここで扱うことにした。

白菜というものは、元来中国青島《チンタオ》の産であるが、昔から朝鮮にも多く栽培されていた。これは寒帯にできる野菜であるから、東京辺つまり暖地のものは、品質が余りよくないと言えよう。

白菜の料理は、魚や肉には軽い調節になってよいものだ。白菜は純日本のものではないから、いわゆる日本料理として扱いにくいものの部類に属している。しかし、白菜のスープ煮というものは仲々気の利いたものである。鶏の骨ばかり（肉のまじらないもの）叩きつぶしてスープを取る。肉のまじったもののスープは、味が俗になって駄目だ。このスープは塩で味をつけるのがよろしい。この場合醬油は用いない。醬油では色がついて、白菜の白さを汚してしまうから感じが悪い。あの白い白菜の色を殺してしまうと、よそゆきの料理にはならない。醬油は⼘《ヤマサ》、キッコーマンはもちろんのこと、薄口にしても色がつく。それではお惣菜になってしまう。白菜のスープは純白であること、白菜が白菜そのままの色を保っていることが貴いのである。

次に味についても、白菜自体の甘味があるから、やはり塩で加減するのがよろしい。煮えたものを器に盛るときは、薬味を用意しておいて添える。

これは日本の新料理であるが、中国料理のやり方も発見されるし、朝鮮料理の気分も味わえるであろう。白菜の切り方や、器の選び方によって、日本料理の感じもする。そして、これは他の料理とも調和する。簡単だから悪い料理ではないと言えるだろう。

茶碗蒸

茶碗蒸のことは、皆さんよく御存じのことでしょう。ところが、これにもいろいろとコツがある。東京のは概して卵が多く、かたまりが強すぎて面白くない。一体に茶碗蒸の卵のかたまったのは上等とは思えない。これをもって茶碗蒸を語るものではない。それよりも関西の、殊に京都などの安物の茶碗蒸の方が、よい料理屋で卵を多く使って吟味したのより、料理になっている。この安い茶碗蒸がうまいというのは、卵を経済的に使っているからである。

私がある時京都で、ある人の宴会に招かれたことがあった。たしか祇園だったと思う。その時ふとしたはずみで、茶碗蒸を食ってみたくなったので、かたわらにいた芸妓に言いつけた。すると、その芸妓が女中に頼むのに、

「卵をこうしてや、うすいのはいやェ」

と申すのであった。これは気の張った客であるから、いわゆる京都風に卵をケチにし

てはいけないというわけである。

ところが、そういう特別の注文でこしらえたのはうまくなかった。つまり卵がこてこてに固くかたまっていたからだ。卵は薄めにして、茶碗を手に持つとユラユラと卵が体ごと揺《ゆ》する程度に作るのがよい。そうすると、スルスルして口当りがよく、しかも卵臭くなくてよいのである。

京都風の茶碗蒸が丁度これにあたる。元来、京都人というのは昔からケチなので評判だが、そういう京都のケチンボウから割り出された料理でなかなか捨て難い。

安い茶碗蒸が一つの証拠である。私は最初、あるひがみから安物の茶碗蒸などは良いものとは思っていなかったが、色々味わってみると、存外その方が上等だった。茶碗蒸のコツはそこにあるのである。それがまた料理のコツなのである。即ち、卵一個を二合から二合半までの出汁で割って、薄くすると共に、それを蒸しすぎないことである。要するに、卵は薄いものがいいという認識を、茶碗蒸の上にはっきり持つがよい。私も最初はこの認識が足らなかった。なお、つけたしに申上げると、中身は鴨・鰻・銀杏《ぎんなん》・百合根《ゆりね》・しんじょ・木くらげなどがよい。

三州仕立小蕪汁

味噌汁は簡単にできるものでありながら、その実、日常どこの家庭でもうまく作られてはいないようなので、一言申上げようと思う。味噌汁は、中身の如何にかかわらず、時間を長くかけて煮てはいけない。まずだしをとり、次に中身がよく煮えてから最後に味噌を落し、沸騰したら直ちに椀にもるという加減のところがよろしい。

ところが、家庭によっては、朝食が家人の都合でまちまちになっている。七時の者、八時の者というふうに、不揃いで食事すると、それが一つの味噌汁なら、最初に食べる者は一番塩梅《あんばい》のよいものを食べられるが、二番目、三番目となると、冷めぬようにいつまでも火にかけたり、また冷ましたり、温め直したりしているうちに、しまいに訳のわからぬ泥水みたいなものになってしまう。味噌汁には味噌汁のコツがある。それを会得しなければ、いつまでたっても上品なうま味を持つ味噌汁はできない。

要は、味噌を生かしているか、殺してしまっているかということなのである。殺してしまっては、意義を失うのであって、いい出来栄えは得られない。反対に、いい出来栄えのものは味噌を生かしている場合なのである。生きているという場合は、作る人が生きているということなのである。

生かしているか殺しているかということは、作る人が生きがよいか悪いかということである。作る人が生きが悪くては生きのいい味噌汁はできない。料理する者は、常にものを生かすことを心掛けなければ、よい料理はできない。料理法がよくなければ、自然、味もみな殺されてしまう。私に言わせれば、料理屋の料理は殺されてしまっている場合が多いのである。

さて、味噌を鍋におとしてから、ぐらぐらと沸騰したところが一番よいのである。三《さん》州《しゅう》味噌は澱粉が多いので、澱粉まで全部使ってはドロドロになってうまいというわけにはゆかない。酒を飲むという膳には、そのドロドロした汁では適しない。汁の他に刺身があり、なお五品七品と料理が出るのだとしたら、濃い三州仕立の味噌汁は胸にもたれていけない。三州味噌は全体を使わないで、ある部分、すなわち澱粉の大部分を捨てる。その割合は、五割とか三割とかが適当だろう。そうすると酒に適する汁を作ることができる。

それにはまず、三州味噌を小口《こぐち》からサクサクと切る。それをこまか目の笊《ざる》に入れて、だしの中で洗うのである。すると、笊の中には著しく澱粉が残る。だしに解けた分量は、味噌の味がする程度でよいのである。しかし、そこは各自の口に合うようにするがいい。

よく洗えば自然と汁は濃くなるし、あっさり洗えば、勢い贅沢な味噌汁になる。これを洗い味噌という。

味噌汁一つ作るにしても、いろいろ手法があろう。その手際《てぎわ》如何で、同じ材料の味噌汁にも幾段の等級ができる。

結局は、いい加減にやるか、気を配ってやるか、その人その人の精神によって決定される。普通の朝の味噌汁だと、大根とか蕪《かぶ》とか、中身と味噌汁とが最もよく調和するという塩梅に計らってやるのが良い策で、料理屋というものは体裁《ていさい》ばかりを考え、見掛けをきれいにすることばかりに専念しているから、味の方はたちまち第二段になる。料理屋もぞんざいなのになると、汁に入れる大根を別に煮たり、あるいは中身が冷たくて汁だけが熱かったり、変なことをやるが、心ある者のすべきことではない。

大根とか蕪などの野菜の場合は、持味を絶対に捨てぬことである。魚の場合だったら、味噌汁は味噌汁の味のままにしておいて、魚は魚で別に作って汁を出すとき入れるようにする。青い魚、鯖とか鰺とかは殊にそうしなければ、汁の味がくどく、下品になっていけない。魚といっても、鱚《きす》とかわたぬきの鮎とかいうようなあっさりしたものは、一概にそういうふうにやらなくてもよい。三州仕立の味噌汁は、ほかに江戸前の鯉《こい》など入れて煮込むやり方もあるし、白魚《しらうお》、赤貝などの軽いもので拍子を取る場合もある。また豆腐でつくる場合もある。それは濃淡よろしきを得て工夫されればよろしい。

しかし、三州味噌は濃すぎて、私はあまり好きではない。ある時、三州味噌をたくさん送ってもらったことがあった。どうしようかと処分に困り、納屋《なや》に放ったままにしておいた。五、六年たってフトそれを思い出し、食べてみたら味が非常に軽くなっており、濃すぎるのがとれていた。私にしては大発見であった。

大量の味噌がまたたく間に平らげられてしまったのはもちろんのことである。これから推して、味噌は年月が経てば軽くなるものと言えよう。味噌のできたてはナマナマしく濃いので、私には田舎味噌の方がよく、それのみを用いている。信州・北陸地方では、味噌が往々自家で作られているが、あまりたくみなものは感心できない。

甘鯛の姿焼

この料理は、東京に昔からあるものだが、大きいのでちょっと厄介である。金串を打つのにコツがあり、何も知らずに、ただやたらに何本も串を打ってはいけない。

最初に金串を扇形になるように打つ。それからあとは何本打とうと、扇の要《かなめ》のところを中心にすれば適当に打ってよい。そうすると、手で持つのに便利であるし、焼けても扱うたびに身がこわれるという憂いはなくなる。実際やっているのをごらんになれば、一目で納得されるだろうと思う。

甘鯛といっても、東京では興津鯛といわれるもので、静岡を中心とした近海でとれるのがよいとされている。関西に行くと、北陸からまわってくるもの、若狭から来ているものでぐち〔ぐじ〕といっているが、これは北陸の海に棲息し、北陸の海のものを食っているので、興津鯛とは大分違う。興津鯛という甘鯛とぐちといっている日本海の甘鯛とは一見同じものだが、色が若狭ものは淡赤く桃色であり、興津鯛と称する甘鯛は通常の鯛と同じくらい赤色を呈している。ぐちの方は鱗ごと焼いても食えるが、興津鯛の方は鱗は剝がさねば食えない。

ぐちは鱗ごと食うところに風情があるのであって、一部の人々に喜ばれている。たまたま東京のある料理屋で、興津鯛を鱗ごと焼いて出したことがあるが、これは猿真似で大きな失敗である。東京のは鱗をはがして食わねばならない。鱗ごと焼くのは初めから間違いである。

若狭のぐちは、このようにしゃれた食い方になっているので、それを知っておくことも無駄ではなかろう。また興津鯛にも種類があり、白皮《しらかわ》と称されているのがある。白皮とは普通のように皮が赤くなく、薄桃色とか、白いものを言うのであって、東京の魚河岸に行くと普通の鯛の二倍、三倍の値がしている。それだけに非常にうまい魚である。

肉が柔かいので生で食うことはないが、焼いて食う場合は見事なものである。

九州の白皮という甘鯛は、関東には少ないが、九州から五島列島に行くと、そればかりのように多い。塩をして持って来るけれど、非常にまずく、従って値も安い。時によっては、普通の甘鯛の値段の五分の一から十分の一ぐらい安い時もある。形も大きいので、小田原ではかまぼこの材料に随分使っている。

列車で持って来るほど使っているので、現今の小田原のかまぼこは色がついていて、味がくどく、昔の面目を失っている。

本来高級魚である甘鯛が、遠隔のため時間が経ち、その美味をまっとうしないのである。産地で食うと、もちろん美味なものである。

この魚は、イタリヤのナポリで食ったことがあるが、うまい魚のなかった外国で、とても美味に感じた魚である。

沢庵

沢庵《たくあん》の話をしてみよう。

今日食べた沢庵は、加賀の山代《やましろ》でできたものである。私の知っている限りでは、山代産の沢庵が一等よいものだと思う。これは、大根が寒国でできたことが主なる原因だが、山代のは他のコツもあって、伊勢のものとも違う。伊勢のも種類があり、いいものだが、山代のには及ばない。伊勢は産業として、大量に生産しているので、山代のようなうまさはない。五十年も前には、山代のようなうまさもあったようだが、しかし伊勢のも糠《ぬか》が多いので、それだけのうまさはあると言えよう。

山代のも、多量の糠を使っていて、糠の中から沢庵を掘り出す感があるが、このように糠を多く使用することは、うまい沢庵を作るコツである。

東京の沢庵の漬け方は、黄色の色素でカモフラージュされていて、うまくない。これは明らかに糠の少ないせいだと言えよう。

ついでに言うと、野菜でも、魚でも、総じて寒帯地方のものがよい。北海道で獲れるサケ、マス、ニシン、ボーダラが美味であることなど、その一例である。

一概には言えないが、暖地で間違いないのは果物であろう。果物類は概して暖地に名果ができるものである。

鍋料理の話

冬、家庭で最も歓迎される料理は、鍋料理であろう。煮たて、焼きたてが食べられるからである。

鍋料理では決して煮ざましを食べるということはない。クツクツと出来たての料理を食べることが、なによりの楽しみである。だから、鍋料理ほど新鮮さの感じられる料理はない。最初から最後まで、献立から煮て食べるところまで、ことごとく自分で工夫し、加減をしてやるのであるから、なにもかもが生きているというわけである。材料は生きている。料理する者は緊張している。そして、出来たてのものを食べるというのだから、そこにはすきがないのである。それだけになんということなく嬉しい。そして親しみのもてる料理と言えよう。

しかし、材料が鮮魚鮮菜という活物《いきもの》がはいった上での話である。入れるものがくたびれていたのでは十分のものはできない。これは、鍋料理に限らぬ話であるが、念のため申し添えておく。

家庭でやる鍋料理は、原料はこれとこれだけと、きまっているわけではない。前の晩にもらった折詰ものだとか、買い置きの湯葉だとか、麩だとか、こんにゃくだとか、あるいは豆腐を使おうと、なんでも独創的に考案して、勝手にどんなふうにでもやれるのである。

「鍋料理」のことを東京では「寄せ鍋」というが、上方では「楽しみ鍋」とも言っている。なぜ「楽しみ鍋」というかと言えば、鯛の頭があったり、蒲鉾があったり、鴨があったり、いろいろな材料がちらちら目について、大皿に盛られた有様が花やかで、あれを食べよう、これを食べようと思いめぐらして楽しみだからである。

「楽しみ鍋」という名称は実によくあてはまっている。しかし、「寄せ鍋」というのはなんだか簡単すぎて感じのよい名前ではないと思う。「鍋料理」は先にも言った通り、材料がいろいろあるし、それを盛る盛り方にもなかなか工夫がいるのである。この点を注意しないでぞんざいに扱うと、いかにも屑物の寄せ集めみたいになってしまう。

関東の風習は薄く平らに並べるようであるが、あまり感心しない。河豚みたいなものは大皿に並べざるを得ないが、それは特殊なことであって「鍋料理」の材料を盛るのは、深鉢にこんもりと盛るのがよろしい。材料はさっき述べた通り、なんでもよい。ただ感心しないのは貝類である。貝類は、ほんの僅かならかまわないが、多く使うと、どうも味を悪くするキライがある。貝類は結局だしをわるくして、他のものの味まで害するからいけない。また貝類は魚や肉にも調和しない。外国料理はシチュー、カレー、スープの中によく貝を使っているが、マッチしていないのが多い。これは、外国には貝類も魚類も少ないので重宝がっているせいだろうが、料理の味をこわしているのが大方だ。

それとは逆に、日本では貝類がいくらでも取れるので、ぞんざいに使用しているようだ。貝類を多量に使用すると、あくどい料理になってしまうので、よい料理とは言えない。貝類はなるべく混合させぬ方がよいだろう。

さてだしのことだが、人によって好みはさまざまである。あっさりしたのが好きだという人もある。あっさりしたのは大概酒を飲む人に向く。飯を食うのには、いくらか味の強いのがよいかも知れない。この辺も「寄せ鍋」は自分の好み通りにゆくから、まことにもってこいの料理である。

たれはあらかじめちゃんと調合して作っておくことが大切である。初めから終りまで一定の味のたれでやるのでないと、材料がかわるたびに、砂糖を入れる、醤油を入れる、水を入れるという工合で、甘かったり、辛かったり、水っぽかったり、味がまちまちになってしまう。それでは面白くない。また、幾人もが代るがわる世話をすると必ずこういうことになる。また一人きりで世話をするにしても、味加減というものは、厳密に一致するとは言えないから、どうしても前もって料理に必要な分量だけ作っておくのがよい。

味はあまり強めでないのがよいが、これはその家の風でこしらえるのがよいと思う。たれを作るには、すでに御承知であろうが、砂糖と醤油と酒とを適当に混和する。酒はふんだんに使うのがよろしい。かんざましでよい。アルコール分は含まれていなくていいのだし、飲んで酔おうというのとは異なるから、かんざましでよいわけである。ごく上等の酒を、思い切って多く用いるのがよい。

鍋料理は材料が主として魚なので、だしには鰹より昆布の方がよい。「鍋料理」は出来たて、煮たて、とすべてが新鮮だからいいので、おでん屋というものがはやるのも、ここに一因があるわけだ。あれは決して料理がいいからはやるのではない。あの安料理のおでんがうまいのは、つまり出来たてを待っていて食うというところにあるので、実際はうまいものでもなんでもないのである。舌を焼くような出来たてのものを食べるから、おでんはうまいものと評判になってはいるが、その実、粗末な食物なのだ。

粗末なおでんすら、出来たて故に私たちの味覚をよろこばすのであるから、座敷おでんとも言える「鍋料理」は、数等の満足を与えるに相違ない。私はおでんもてんぷらも立ち食いをした経験をもっているから、その味がおよそどんなものだか分っている。ところが、私の考えている鍋料理となると、それらとは遥かに距離のある高級なものである。その方法は、創作的に、独創的にやられればよい。

鍋料理は、気のおけぬごく懇意な間柄の人を招いて、和気あいあい、家族的に賑々しくつきあうような場合にふさわしい家庭料理と言えよう。

次に作り方食べ方の要領をお話ししよう。鯛を煮ると仮定しよう。三人か五人で食べる鍋だとすれば、その人数が一回食べるだけの分量の鯛を煮る。煮えたらそれをすっかり上げてしまう。次に野菜を入れる。鯛の頭などは、よくスープを出すからだしがふえる。ところが、野菜はだしをよく吸収する。そういう材料の性質をみて、だしの出るもの、だしを吸うものを交互に入れて煮るというふうにする。そうして一回ごとに鍋の中をきれいに片付けて、最後まで新鮮な料理が食べられるようにする。食べ方にもこのような工夫がいる。

私は「鍋料理」の材料の盛り方一つにしても、生け花と寸分ちがわないと思っている。生け花と言うのは、自然の草や木を自然にあるままに活かそうというので、そのためにいろいろ工夫をする。料理も自然、天然の材料を人間の味覚に満足を与えるように活かし、その上、目もよろこばせ、愉しませる美しさを発揮さすべきだと思う。そのこころの働かせ方は、花を活けることと何らの違いもない。

普通の家庭では、なにかの時だけ、儀式的なことに、無暗と飾りたてたりしながら、平常はぞんざいにものごとを扱っている弊風があるのを、私はどうも面白く思わない。美的生活をなそうとするには、特別な時だけでは駄目である。いつでも、どんなものにも美を生み出す心掛けを忘れてはならない。

私の考えていることは、日常生活の美化である。日々の家庭料理をいかに美しくしてゆくかということである。材料に気を配るとともに、材料を取扱う際の盛り方からまず気をつけていかにすべきかと工夫するのだ。工夫は細工ではない。工夫とは自然に最も接近することだ。鍋料理の材料の盛り方一つでも、心掛け次第で屑物の寄せ集めに見えたり、見る目に快感を与え、美術品に類する美しいものに見えたりする、そういう区別が生ずるのである。

盛り方を工夫し、手際のよいものにしたいと思う時、当然そこに、食器に対しての関心がわいてくる。すなわち、陶器にも漆器にも目が開けてくるという次第になるのである。

あとがき

——小生のあけくれ——

山というほどの山ではないが、山中での朝夕起臥三十余年、ほとんど社交のない生活を営みながら、小生は時に快速船のように、何事をも進ませずにはいられないクセを持っている。

自慢ではないが、ソレッと言うと、すべてに超スピードで活動するために、周辺の助け舟は眼のまわるようなテンテコ舞いをさせられるが、小生から見るとすべてが鈍速《スローモー》で見ていられない。第一快調を欠いている。その理由をとくと考えてみると、他でもない、小生のようにできる限りの睡眠をとっていない。また小生の日常のように栄養を摂っていない。そして碌でもない平凡な俗事に頭を煩わすことが多過ぎる。美しずくめばかりを狙っている小生の生活とは、どうやら別世界を歩んでいるようだ。

小生のように自由を好むものには、グループに加わることは到底できるものではない。共同画業、共同芸業などまったく縁遠い。

日常の食物についても、多くの人は家畜同然、おあてがいの食物で栄養を摂っているように私には見える。妻女の作ったおあてがいの料理、料理人の作ったおあてがいの献立料理、これでことを足して、すましているのが大部分の人間である。

小生はこれを見て、食の世界については、まったく無智な人間の如何に多いかに驚くのである。自分の真から好む食物というものに自覚がないのである。

山鳥のように、野獣のように自分の好むものばかりを次から次へとあさって、十分な栄養を摂る人間自由を知らないのである。いつの時代からの慣習かは知らないが、この点家畜となんら異なるところがないようである。

小生の考えからすると、おあてがいの食物では、その人その人に当てはまる完全な栄養は摂れるものでないと判断している。美食生活七十年、自分が心底から好む食物をもって、健康を作る栄養としている小生とは大分かけ離れているようだ。食品の高い安いとか、名目とかには決して囚われないようにしている。

これでこそ、自己に完全なる栄養は摂れ、健全が保たれるのだと確信している。その証拠に、白頭翁と言われる今日まで、小生は病気を知らない。およそ病気と称するものは何一つない。うまいものを食って、寝たいだけ寝る。野鳥の自然生活にすこぶる似ているのが、小生のあけくれである。

早寝、遅起き、昼寝好き、八時間以上十二時間は寝る。眼が覚めたとなれば常人の幾倍かの仕事をする。毎日自家の湯に第一番に入る。湯から出れば間髪を入れずビールの小瓶を数本痛飲する。無人境に近い山中の一軒家においてである。眼に見るものは、虚飾のない自然のままの山野であり、家の中は最高に近い古美術品である。他は、犬であり、猫である。鶏もいる、鴨もいる。野鳥はのびのびと遊んでいる。このように、小生の周辺には小生の健康を害するようなものは何一つない。小生の健康はこんなところから作り出されているのかも知れない。

もちろん、親なく、子なく、妻もない孤独生活である。これも世間には類がないかも知れない。小生に勝手気儘な自由ができる所以のものは、小生を束縛するものが皆無であるからだろう。親兄弟や妻子があっては、なんとしても妥協生活を免がれないだろう。ヤセ浪人では家族全部が好むところに従う訳にもゆくまい。自分ばかり好むままの生活、好むままの食事にひたりきることもできまい。

そこへゆくと、野獣、山禽の生活は、人間よりはいかほど自由を享楽しているか分らない。人間のように病気もないであろう。

山鳥のように素直でありたい。太陽が上って目覚め、日が沈んで眠る山鳥のように……。

解説

山田 和

稀代の美食家・北大路魯山人の回想によると、彼は十歳のころにはご飯の炊き方をマスターしていたという。今は電気釜によるお任せ炊きが多いから想像するのが難しいが、ご飯は炊き方によって千差万別の結果を生む。「懐石辻留」の先代・辻嘉一さんが『御飯の本』という、ご飯だけの本を出しておられるくらい高等な技術を要する分野なのである。だから魯山人のこの回想は、十歳のころにはご飯の炊き方だけでなく、おさんども一通りできるようになっていたという意味であって、実際、本書をまとめた時点で七十六歳だった彼は、まえがきで「料理生活七十年」と記している。

魯山人は京都の上賀茂神社の社家《しゃけ》・北大路清操《きよあや》方に生まれた。母の不義の子だったことから出生後すぐ里子に出され、養家を転々とするうち虐待にあい、それを見かねた近所の木版師・福田武造夫婦に引き取られ、福田房次郎を名乗ったのは六歳のときだった。この新しい養家で自らおさんどんを買って出たと彼は述べているが、それはそれまでの虐待に怯え、新しい家で何とか役に立つ子どもになって大切にされたいという一心からだったのだろう。

当時、米には今でいう一等から三等までの等級があった。彼の回想によれば三等米を一等米の味に炊き上げて養父母を喜ばせたといい、二人が起きてくるまえにこっそりと寝床を抜け出し、朝ご飯を用意して驚かせたこともあったという。のちに彼が「料理は理を料《はか》ること」、すなわち「技術でなくて心。料理の神髄は家庭料理にある」と主張し、それを伝説の名料亭「星岡茶寮《ほしがおかさりょう》」の基本思想としたのは、幼少期のこの体験が反映しているのに違いない。

さて三等米の話だが、磨ぎ方や炊き方や蒸らし方だけでなく、米の選別についても工夫したらしい。今でこそよく知られ、外食産業では広く実践されていることだが、安米でも何種類かを混ぜると味が格段によくなる。辻嘉一さんも先の本でこの魔術に触れておられるが、そういうことがあまり知られていなかっただろう時代に、房次郎少年は自らの試行錯誤によってこの事実を発見したのだろうか。それとも米屋などから聞き知ったのだろうか。いずれにしてもそれを実践し、研究した七、八歳の少年は非凡である。彼の味覚は愛情の飢えを潤すべく不幸な環境の中で発展し、とぎすまされていったと思われるが、それを支えた熱心と実践力は間違いなく天性のものだった。

本書で取り上げられている茶漬もこの熱心によって生み出されたもので、星岡茶寮の機関誌『星岡《せいこう》』に「御茶漬十種」(実際の連載ではなぜか九種)として紹介されたものである。彼はこの九種を選ぶまでに三百種類以上の茶漬を試したと他所で述べている。いったい誰が何百種類もの茶漬を試してみようなどと考えるだろう。いかなるグルメといえども鮭茶漬、梅茶漬に食材の優秀を求めることぐらいが関の山で、魯山人のように鮪の茶漬や納豆の茶漬までを試みてみようとは思わないだろう。これは壮絶な美味求真の営みであり、ここに美食家・魯山人の面目躍如たるところがある。

したがって本書に紹介されたこれらの茶漬は、食の天才・北大路魯山人の天性の才能と努力とによってもたらされた、この世で最高の茶漬なのである。またこの稀有な熱心さからわかるように、本書に紹介されている味覚のすべては、彼の徹底した研究と試行錯誤によって導き出された「愛の料理」なのだ。

では、それほどの料理ならさぞかし手が込んでいて、お金もかかるかというとそうではない。茶漬などは二、三を除けばどれも百円二百円でできるもので、そのような美食を「贅沢茶漬」と呼んでいるところが彼らしい。ここでその一つを取り上げて、彼の美食の概念を紹介してみよう。

筆者が愛してやまない「天ぷらの茶漬」の材料は、昨日の天ぷらの残りと大根、ご飯と粉茶である。何の変哲もない材料だが、ここから先が違う。

飯は熱すぎても冷たすぎてもいけない。天ぷらは焦げ目ができる程度にこんがりと焼き、大根は畑から抜き立てのものをすり下ろす。大根の旨味《うまみ》は汁にあるから絞りすぎてはいけない。かといって緩《ゆる》くては茶の香りを殺すから注意が必要である。この按配《あんばい》と判断は手に入れた大根の性《しょう》を見てのことで、紋切り型にやってはいけない。おろし器はよく切れる銅板の細目側が理想だが、ときには竹製の「鬼おろし」で粗目におろすのも一興だ。おろしは力加減でまったく違った味になるから、力任せにおろしては駄目である。万事に臨機応変、当意即妙が要求される。つまりこういう細かいところに、美食と駄食の決定的分かれ目があるのである。粉茶は最上級のものを、鮨屋が使う粉茶用の茶漉しで濃いめに淹《い》れる。つぎにおろしたばかりの大根おろしを一つまみ添えて完成……

と、これで美食の作り方をマスターしたと考えるのは早計だ。これでは美食の未だ半面を実現したにすぎず、あとの半面が捨て置かれたままである。というのも、料理にはすべからく饗するべき相手があるわけで、そのことへの配慮が何よりも大切なのだ。

魯山人は、相手の腹ぐあいに合わせて量を変え、内容を変えるべきだといい、お腹の空いている客や若い人には飯の量を多くし、そうでない人には飯の量を減らすべきだと述べている。美食と駄食を決定づけるのは徹頭徹尾、愛情と気遣い、心遣いなのである。したがって高価な食材を存分に使うことが美食の条件であるとか、高い金を出せば美味いものが食べられると考えるのは間違っているし、それを食べ散らかすのはますます間違っている。魯山人はそれを人間失格とさえ考えていたようだ。

ご馳走というのはそもそも贅沢な料理をさすのではなく、心のこもった料理のことである。美味いものを食べたいというのは欲望にすぎず、思想ではない。美食を欲望の充足に留めることは自らを傲慢にするだけで、巷のグルメたちと魯山人はここが決定的に違っている。彼は大自然を礼賛し、大自然とともにあろうとする偉大な美食家だった。食材には極めて誠実かつ謙虚で、その証拠に彼が最も得意とした料理は残肴《ざんこう》料理だった。

魯山人は客が食べ残したものを再調理して食べ、それでも残ったものは動物たちにやり、一つの無駄も出さないことを身上としていた。本書でも彼は「米一粒でさえ用を完《まっと》うしないで、捨て去ってしまうのはもったいない。（中略）用あるものは、ことごとくその用を使い果たすところに、天命があるのだと思う」と述べている。

魯山人にとって食材とは春夏秋冬、四季折々の大自然からの恵みであり、それを体内に取り込む「食」をつうじて自分が生かされていることに幸福を感じる人だった。あまり手をかけず、食材の待ち味を生かす形で料理をしたのも、この大自然への敬愛の表れである。

魯山人が遺した唯一の本といえる本書には、このような魯山人の美食の哲学の根本が、茶漬の話や鮎の話や各食材の話をつうじて語られている。ただの美食のレシピ、ただの美味いものの話の本ではない。慎重に読めば私達の食に対する認識が変わり、人生観さえも変わるはずである。

（やまだ・かず）

本書は、一九六〇年二月に淡交新社より刊行された。文庫化にあたって、底本の明らかな誤植・誤記については訂正した。表記の不統一等が散見されるが、原文尊重を基本とし、できる限りそのままとした。また本文中に差別表現があるが、著者がすでに故人であること、および時代背景に鑑み、そのままとした箇所がある。読者諸氏のご理解をお願いしたい。

なお本書は文化出版局から『魯山人の料理王国』（一九八〇）として復刊されているが、目次立てや表記等に一部変更が加えられているので、今回は参考するにとどめた。

ちくま文庫

春夏秋冬《しゅんかしゅうとう》　料理王国《りょうりおうこく》

二〇一〇年一月十日　第一刷発行
二〇二四年三月二十五日　第十刷発行

著者　北大路魯山人（きたおおじ・ろさんじん）
発行者　喜入冬子
発行所　株式会社　筑摩書房
東京都台東区蔵前二―五―三　〒一一一―八七五五
電話番号　〇三―五六八七―二六〇一（代表）
装幀者　安野光雅
印刷所　明和印刷株式会社
製本所　株式会社積信堂

ISBN978-4-480-42672-7　C0177